本真教育 素养课堂

胡翠娥 / 著

 吉林文史出版社

图书在版编目（CIP）数据

本真教育，素养课堂 / 胡翠娥著. — 长春：吉林
文史出版社，2020.7
ISBN 978-7-5472-7043-1

Ⅰ.①本… Ⅱ.①胡… Ⅲ.①英语课—教学研究—高
中②高中—班主任工作—研究 Ⅳ.①G633.412

中国版本图书馆CIP数据核字（2020）第127053号

本真教育，素养课堂
BENZHEN JIAOYU SUYANG KETANG

著 作 者：胡翠娥
责任编辑：程　明
封面设计：姜　龙
出版发行：吉林文史出版社有限责任公司
电　　话：0431-81629369
地　　址：长春市福祉大路5788号
邮　　编：130117
网　　址：www.jlws.com.cn
印　　刷：北京政采印刷服务有限公司
开　　本：170mm×240mm　1/16
印　　张：12.75　　　　　字　　数：230千字
印　　次：2022年6月第1版　2022年6月第1次印刷
书　　号：ISBN 978-7-5472-7043-1
定　　价：45.00元

　　二十余年砥砺前行，二十余年安教乐教！这本随笔里收录了我这二十余年里在教学工作、高考备考指导工作、教研工作和班主任工作等方面的一些做法和感受，是我多年砥砺奋进、不断学习及成长的印记。

　　我一直谨记：作为一名人民教师，我要学会面对年复一年看似机械重复实则灵动鲜活的教书育人历程；作为一名新时代的人民教师，我要以身立教，立德树人，守好教育这片净土；作为一名专业教师，我要不断学习，深入思考，自觉成长，同时也引领学生健康快乐成长，真正做到"心中有爱、目中有人、手中有法"，真正践行"有理想信念、有道德情操、有扎实学识、有仁爱之心"。

　　我用文字记录下自己学习、成长中的点点滴滴，希望自己能坚守教育的本真和本色，坚守内心的安然和执着，收获更多喜悦，在教书育人的道路上不断成长！

胡翠娥

2018年6月

目录

➤➤ 心得体会篇

➤➤ 课题研究篇

➤➤ 教育工作篇

教学工作篇

基于培养学科核心素养的高中英语写作教学设计

教学案例 ❶

《普通高中英语课程标准（2017年版）》，（以下简称《课程标准（2017年版）》）指出，普通高中英语课程的总目标是全面贯彻党的教育方针，培育和践行社会主义核心价值观，在义务教育的基础上进一步促进学生英语学科核心素养的发展，培养具有中国情怀、国际视野和跨文化沟通能力的社会主义建设者和接班人。基于课程的总目标，普通高中英语课程的具体目标是：培养和发展学生在接受高中英语教育后应具备的语言能力、文化意识、思维品质和学习能力等学科核心素养。

培养学生学科核心素养（key competencies）已成为当今深化课程改革的中心内容。在具体的教学实施过程中，基于学科核心素养的教学设计是基础环节。课堂教学是实现培养与发展学生核心素养的核心舞台。在目前的英语教学中，必须把培养学生的英语学科核心素养放在首位。

基于以上认识，笔者在日常的课堂教学中，进行了基于学科核心素养的英语教学设计的探索实践。以下是笔者在高三年级第一学期的一节基于培养学科核心素养的高中英语写作教学（地点介绍）设计，笔者试图通过课堂教学这个"核心舞台"培养学生的语言能力（在本节课堂创设的介绍地点的情境中，以听、说、读、看、写等方式理解和表达意义的能力）、文化意识（了解新西兰的人文地理、介绍清远的人文地理，增强国家认同感和家国情怀，坚定国家文化自信）、思维品质（提升学生分析和解决问题——如何介绍地点的能力）和学习能力（课前通过网络、图书馆等多渠道查阅，获取相关介绍新西兰的学习资料，以个人自主或小组合作等方式高效开展学习）。

一、写作背景

笔者随同事一行15人前往清远市的姊妹城市姊妹学校——新西兰但尼丁市 Kaikorai Valley College进行学术交流。回校后，笔者和学生们分享了带回来的一些美食，如milk, drinking chocolate, yogurt, sweets and candies。此时正值高三第一轮复习话题"Travel"，在设计话题写作任务时，笔者就编写了如下话题作文，并用一个课时（40分钟）完成了教与学的任务：

假设你是李华，是学生会主席。你校的姊妹学校新西兰Kaikorai Valley College代表团将来你校进行学术交流，请你代表全校师生在欢迎仪式上做一个简短发言。内容包括：

1. 欢迎代表团到来；

2. 介绍清远市；

3. 祝愿。

本节课的主题语境是"人与社会"中的子主题"跨文化沟通"。笔者旨在通过创设与主题意义密切相关的语境，挖掘主题所承载的文化信息和发展学生的思维品质。学生以解决问题（欢迎、介绍、祝愿）为目的，学习和运用语言，开展对语言、意义和文化内涵的探究，培养逻辑思维和批判思维，建构多元文化视角。语篇类型是应用文（多模态形式呈现：口头形式和书面形式）。

二、基于英语学科核心素养设计教学目标

教学目标是课堂教学活动的出发点，教学目标的设计直接关系到学生核心素养的培养与发展。在设计教学目标时，教师应深刻领会英语学科核心素养的内涵，并充分认识到，学生核心素养的培养与发展是一个循序渐进、不断深化的过程，不是所有的核心素养都能在一节课内完成。因此，笔者确定本节课的教学目标是：After the period, students can:

（1）Learn about New Zealand and learn some useful expressions used to describe a place by watching a video and enjoying some beautiful photos taken by me during my visiting it.

（帮助学生了解新西兰，以看的方式获取培养学生语言能力和理解信息的能力。）

（2）Learn how to introduce Qingyuan to the visitors (in the created situation) in both oral and written English by working with group members.

（培养学生语言能力中说和写的能力，以及学习能力中积极运用和主动调适英语学习策略——与人合作从而提升学习效率的意识和能力。）

（3）Learn how to write a speech at the welcome ceremony.

（培养学生的语言运用能力。）

（4）Learn to learn from New Zealand and be proud of being a Chinese and even a Qingyuanese.

（培养学生思维品质中批判性地分析和解决问题、从跨文化视角观察和认知世界的能力，以及文化意识中对中外优秀文化的认同感、坚定文化自信。）

三、运用现代信息技术导入新课

现代信息技术不仅为英语教学提供了多模态的手段、平台和空间，还提供了丰富的资源和跨时空的语言学习机会和使用机会，促进了英语教学理念、教学方式与学习方式的变革，为推动学生搭建自主学习平台，帮助学生拓宽学习渠道，提高学生英语学习效率，提供了有利的技术保障。

在设计Lead-in环节时，笔者设计了两个教学任务（task）：

Task 1: Students watch and enjoy the Music Album（the photos are mainly about some beautiful buildings and special delicacies shared）made by me on the Powerpoint and listen to my description of New Zealand. Students are asked to talk about what is mentioned in the Music Album and my description.

（把一张张美景和美食照片制作成音乐相册分享给学生，这不仅能调动学生听觉、视觉等器官的运用，更容易激起学生的思维和联想，能收到意想不到的教学效果，并且容量也远比用PPT投放大得多。）

Task 2: Students watch the video introducing the geography of New Zealand and share such information as its location, area, population, climate, places of interest and so on in class orally.

（学生通过观看介绍新西兰的视频，实际上是进行了一次virtual tour，虽然学生没有亲自游览新西兰，但是他们仍然可以了解新西兰并获取大量的相关信息。）

四、根据学生身心特点设计学习活动

1. 围绕主题创设情境，激活学生已有知识

在导入新课环节，笔者设计了让学生观看Music Album和Video两个任务，

并且要求学生在课堂上口头分享获取的相关信息。这样，一方面，学生通过听、看、写等方式输入信息，然后经过加工进行信息的输出（口头分享），在学习和使用语言的过程中形成语言意识和语感，达到高中英语学业质量水平的"在听和看的过程中获取并理解主要信息，能口头描述事物特征"要求。另一方面，学生通过听、说、看等活动，激活了大脑中已有的关于"如何介绍地点"的相关知识，也为后面学习新课环节做好了知识铺垫。学生在整个环节中，学习热情高涨，学习英语的积极性大大提高。

2. 基于解决主题问题，培养学生形成新知

学生在听、看、说活动结束以后，更加明确了该节课要解决的主题问题。笔者这时设计了一个制作"思维导图"的学习任务，要求学生以"思维导图"的形式分析、归纳如何解决主题问题（介绍地点）。

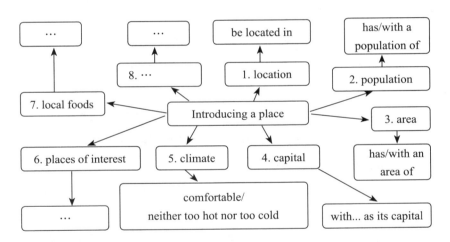

学生通过先独自完成（work alone），然后小组合作（work in groups），以"思维导图"的形式提炼有关"介绍地点"的结构化知识，这样，不仅对主题问题的基本信息和需要学习的语言知识有了清晰的了解，而且也建构了对新西兰国家概况的整体认知，从而为接下来的环节运用所学知识创造性地介绍中国清远概况和文化特征奠定语言知识基础，也为比较两地文化和地理概况奠定语言、思维和文化基础。这一活动为学习理解类活动。

3. 引导开展交流活动，助力学生内化知识

在学生通过自主和合作相结合的方式，完成对信息的获取与提炼，形成基于主题的新知识结构以后，笔者设计了一个小组合作"制作介绍清远的海报"

的任务：

Students are asked to make posters in groups with the colorful paper cards prepared (different groups different colors) referring to the mindmap above. Then each group presents their works in class, and at the same time with oral introduction.

每一个小组制作的海报都是图文并茂的，整体效果非常好，在展示时，全班学生和听课教师们赞叹不已。在此环节，学生结合"思维导图"的结构化知识、运用小组合作的方式制作海报并展示作品的过程中，既培养了学生团队合作意识和精神、跨学科（海报制作所需的美术素养）素养，还促使学生进行多元思维，创造性地制作了风格各异的海报。同时，笔者注意引导学生在学习理解类活动的基础上进行应用实践类活动，围绕主题问题进行知识内化——将知识转化为能力。在展示作品时，学生的口头表达能力也得到充分锻炼。

4. 基于新的知识结构，实现学生素养转化

在完成海报（poster）制作后，学生也已获取了解决本节课主题问题（介绍清远）的素材积累。接下来，笔者设计了一个学生情景表演活动（welcome ceremony）：

Students are divided into two groups, one of which with 10 people standing for teachers and students from New Zealand sit in the front line of the class.

Three students (for Li Hua) are asked to separately make a speech at the welcome ceremony on behalf of the whole school. The speech should include the information in the designed writing task.

三名学生在所创设的情境中进行的逼真表演再次获得了师生的赞赏。学生能正确理解此环节的主题问题（欢迎仪式）：交际场合是欢迎仪式，一开始如何欢迎来宾，仪式结束时如何表示祝愿；交际对象是新西兰姊妹学校的师生，如何选择正确的称呼语；交际目的是要向客人介绍清远，从哪些方面介绍清远，如何选择恰当的语言进行介绍都是学生必须要考虑的。

在前面的环节，学生已经有了充分的语言知识（如何欢迎、如何介绍地点）作铺垫，此时，学生的交际（表演）应该可以确保得体、有效了，学生的活动已由之前的学习理解类活动（制作思维导图）到应用实践类活动（制作海报）而升华到迁移创新类活动（情境表演），这才真正实现了素养的转化。

五、依据教学目标开展多形式评价

基于英语学科核心素养的教学评价应以形成性评价为主，注重评价形式的多样化，评价结果能全面反映学生英语学科核心素养发展的状况和达到的水平，发挥评价的激励作用和促学功能，让学生在英语学习过程中不断体验到进步与成功。

在具体的教学实践中，评价活动应该贯穿教学的全过程。教师在"监控"学生的学习活动时，应及时发现问题（好坏两方面），并且及时对学生给予肯定和帮助。学生在整个学习活动过程中，应相互学习，共同提高。

笔者在教学过程中非常注重对学生学习活动的评价。在新课导入（lead-in）环节，有一个学生平时口语很流利，但看到有很多老师听课而在说（speaking）的时候，因为紧张导致结结巴巴。笔者没有因为该生的结巴耽误教学预设时间而面露不悦，反而微笑着对该生的表现作出如下评价："You are a little shy and nervous. But you have covered all the points and I know you used to be great in oral presentation."课后，该生到办公室，因课堂上的表现向笔者致歉，笔者再次肯定他的表现并鼓励他今后要大胆一些，多进行锻炼。

笔者不仅注重对学生进行口头评价，还会在课后以物质奖励、张贴光荣榜或在英语角张贴展示等形式进行"有形"评价。这一节课后，学生的思维导图、海报、优秀作文等都在年级设置的张贴栏展示出来了，"作者们"每每经过时都会停下来喜滋滋地品味一番。这种形式的评价给予了学生充分的鼓励和肯定，让学生体验到了学习的快乐，达到了以评促学的目的。

为了发展学生的听、说、读、看、写等语言能力，提升学生的对比、分析等思维品质，笔者还让学生参与评价过程。课堂上，学生通过小组合作完成思维导图和海报的制作后，在展示环节，笔者设计了这样的学习活动：

A student in each group points out the shining points of the mindmap (Poster) in the aspects of layout design, color, contents and so on.

课后，笔者随机找了一些学生对课堂完成的思维导图、海报和因为课时时间关系而在课后完成的书面作文等作品进行评选，将选出的优秀作品进行张贴。

笔者认为，本节课例的教学设计包括基于语篇的理解类学习活动，深入语篇的应用实践类活动，超越语篇的迁移创新类活动。在每一类活动中渗透语言知识学习、语言技能应用、学习策略运用、思维品质的发展和文化品格的培养，有助于学生积极主动地参与课堂各类教学活动，学会运用所学语言分析问题和解决问题。本节课的活动设计激发了学生参与活动的兴趣，通过激活学生已有的基于主题的知识，帮助学生建构和完善新的知识结构。通过参与一系列活动，学生主动参与对主题的深度学习，体验不同的文化，语言理解和表达能力有所提高。

六、反　思

笔者经过一段时间的基于学科核心素养的英语教学设计的探索实践，认识到教师的专业化水平是有效实施英语课程教学的关键。教师要始终以发展学生英语学科核心素养为目的，不断优化教学方式，努力提高教学质量，落实立德树人的根本任务。在制订每一个教学内容的核心目标时，教师要能不囿于教材而跳出教材，从大视野方面进行目标设计。课堂教学过程中，学生的学习活动设计应该由原先注重老师如何讲得精彩，转变为注重怎样让学生学懂、学通，并能真正学以致用。为了达到以上目标，教师应该自觉地增加阅读量，丰富自己的生活经历，不断提高自身专业水平，整合更多资源运用于教学，与课程改革同步发展，在探寻核心素养教学之路上，同时促进自身的专业发展。

正如《课程标准（2017年版）》所说，教师要努力做到"不断更新学科专业知识，提高自身语言和文化素养；不断积累学科教学知识，立足教学实效，变知识的传授者为学生学习的指导者、组织者、促进者、帮助者、参与者和合作者；加强实践与反思，促进专业可持续发展，加深对教与学本质的理解和认识，不断更新教育观念，创新教学实践，实现个人专业化发展；建设教学团队，形成教研机制，构建新型的教师学习共同体，开展教师间的合作与研究。"

参考文献

中华人民共和国教育部.普通高中英语课程标准（2017年版）[M].北京：人民教育出版社，2017.

本真教育，素养课堂

创设真实情境，生成活动课堂

核心素养从2016年开始进入课程，走进中小学。基础教育改革正迈入核心素养的新时代。那么，什么叫学科核心素养？为什么要从"双基""三维目标"走向核心素养？核心素养究竟是如何在中小学教学实践中落地？课堂教学中怎样培育学生的核心素养？这些问题是我们一线教师最为关心的。笔者结合省名师工作室研讨活动（同课异构）中一位骨干学员的课例对这些问题进行阐释。

英语学科核心素养包括语言能力、思维品质、文化品格和学习能力四个部分。英语课堂教学设计要以英语学科核心素养为指导思想，即教学设计过程中的每个环节都要体现英语学科核心素养，最终指向对学生语言能力、思维品质、文化品格和学习能力的培养。

【Teaching & learning objectives】

（1）Master the useful expressions concerning the topic of "healthy eating".

（2）Master the skills of writing a letter of advice / suggestion.

（3）Take action to keep to a balanced diet in your daily life.

我们知道，教学的终极目标是能力和品格。核心素养来自"三维目标"又高于"三维目标"，是个体（学生）在知识经济、信息化时代，面对复杂而不确定的环境，综合应用学科的知识、观念与方法解决现实问题时所表现出来的必备品格与关键能力。从"三维目标"走向核心素养，是学科教育在高度、深度和内涵上的提高，是学科教育对人的真正的回归。

现在，我们来看这节课教学目标的设置，目标1和目标2分别是掌握（master）"healthy eating"相关话题的"useful expressions"和掌握建议信的写作技巧（skills），目标3是在日常生活中坚持平衡饮食（a balanced diet）。

"掌握"一词，网络上给出的释义是"了解、熟习并能运用"。所以，笔者认为，目标1和目标2的设置很准确，分别体现了语言知识和学习能力（技能）两个方面的素养要求。目标3（在日常生活中坚持饮食平衡）的设置，笔者则认为可以进行改进或添加一个目标。通过本节课的学习（写建议信），学生不仅要养成自己多吃健康食品（healthy food）、少吃或不吃垃圾食品（junk food）的习惯，坚持平衡饮食，而且在日常生活中，如果遇到过度肥胖或有其他身体健康问题的人，要会给予对方合理的建议（suggestions）和理由（supporting reasons）。所以，笔者认为，本节课的教学目标应该增加一项：Learn how to give suggestions on healthy eating to others in need in real situations.而且这个目标应该是终极目标，是学科教育对人的真正的回归。

【 Brainstorm 】

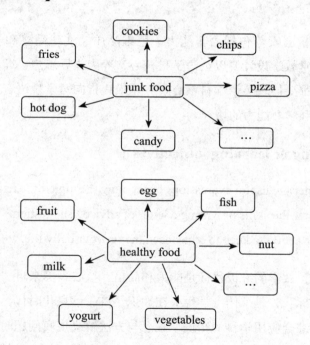

Question:

In your opinion, what's "a balanced diet"?

A balanced diet must contain a combination of carbohydrates (碳水化合物), _____(维生素), fats, minerals, _____(蛋白质) and fiber in moderate amounts to maintain good health.

To keep a balanced diet, we'd better eat more healthy food like _____, nuts, _____ and fish, and avoid junk food like _____ , _____ , _____ , and _____ .

　　知识是在情境中生成和显现的。所以，在创设情境时，我们要注重联系学生的现实生活。只有在生活化的学习情境中，学生才能弄明白知识的价值。笔者认为，此环节的设置充分体现了"生活化情境"。通过"头脑风暴"，学生在日常生活中常吃的healthy food 和junk food完全迸发了出来，再通过问题（Question: In your opinion, what's a "balanced diet"？）对healthy or junk进行强化。

【Writing】

Pre-writing：

Dear Li Hua,

　　I am sorry to learn that you are upset about the stressful life and your grades. But there is no need to be frustrated. I am firmly convinced that you can get through this period of frustration as long as you take the following suggestions.

　　Primarily, it is highly recommended that you have a short break away from study and refresh yourself. Then you could also wander around the suburb and seek some peace. Moreover, it is suggested that you analyse and classify the mistakes you have made. A better understanding of your study leads to a better outcome.

　　I will be happy if my suggestions are of any help to you. Hope to see your improvement.

Yours sincerely,

Chen Ming

　　在此"写前"环节中，学生被要求以小组讨论的形式根据所给语篇（另一话题的建议信）去发现（find out）建议信的结构和常用useful expressions。

　　美国心理学家、学者奥苏泊尔说："影响学习的重要因素是学生已经知道了什么，要探明这一点，并应据此进行教学。学生原有的知识和经验是教学活动的起点。"笔者认为，本节课话题词汇环节和此环节（pre-writing）设计非常符合"新知识在旧知识的基础上重新组织或转化"这一论述，为后面的

writing 作好了充分的铺垫。

While-writing:

你的美国朋友Brown写信告诉你，他因为不良饮食习惯，现在过度肥胖，为此，他感到很烦恼。他想通过均衡饮食来减肥，希望你能为他提供一些好的建议。

内容要求：

（1）对他的情况表示理解，并支持他通过均衡饮食减肥；

（2）提供减肥的具体建议；

（3）希望这些建议能帮助他变瘦一些并保持健康。

参考词汇：

过度肥胖 obesity n.　过肥的 obese adj.　保持均衡饮食 keep a balanced diet

How to produce a good writing?

Task 1: Analysis of writing

文体＿＿＿＿＿＿　人称＿＿＿＿＿＿　主体时态＿＿＿＿＿＿

Task 2: Layout

Para.1 ＿＿＿＿＿＿＿＿＿＿＿＿＿＿＿＿＿＿＿＿＿＿＿＿

Para.2 ＿＿＿＿＿＿＿＿＿＿＿＿＿＿＿＿＿＿＿＿＿＿＿＿

Para.3 ＿＿＿＿＿＿＿＿＿＿＿＿＿＿＿＿＿＿＿＿＿＿＿＿

Task 3: Group work

What suggestions should we give to Brown?

Task 4: Group work

　　　Group 1&2: Para. 1

　　　Groups 3&4: Para. 2 （三条左右）

　　　Groups 5&6: Para. 3

Task 5: Looking for partners!

Go to find another two partners to make your writings completed. Use a tape to stick the three paragrphs of writings together and write down your names on the top.

Task 6: Making improvements!

Work in three and polish your combinations of the writings by adding necessary linking words to make them coherent. (Use red pens.)

Double check the spelling, verb forms, and useful expressions.

Post-writing:

Share and learn (A student presents her writing in class.)

Summary:

The pattern of an advice letter.

Sentence patterns about giving advice.

被称为"新课改总设计师"的钟启泉教授说："课堂教学应以学生的自主活动为中心展开……"

以学为主线的课堂，即"学习中心课堂"，是指以学生学习活动作为整个课堂教学过程的中心或本体的课堂。在教学组织形式上，将学生个体学习（individual work）、小组学习（group work）、全班学习等不同的教学组织形式结合起来。在这样的课堂中，学生的学习是积极的、主动的、快乐的、个性的、多样的，真正实现大教学论专家夸美纽斯的"使教员可以少教，学生可以多学"的目标。而这也正是我们省名师工作室团队提出的教学主张——"少即多（Less is more.）"。

再观本节课，此环节写作任务的设计也非常符合"生活化情境"。以活动贯穿课堂教学始终，既有个体学习活动，也有多次小组合作学习活动，尤其是Task 5: Looking for partners! 和Task 6: Making improvements! 在整个课堂上，全班学生动起来，重新组合成三人小组进行新小组的合作学习。

Task 5: Looking for partners!

Go to find another two partners to make your writings completed. Use a tape to stick the three paragrphs of writings together and write down your names on the top.

Task 6: Making improvements!

Work in three and polish your combinations of the writings by adding necessary linking words to make them coherent. (Use red pens.)

Double check the spelling, verb forms, and useful expressions.

笔者认为，本节课除了在各个环节设计中充分体现了"核心素养在课堂教学中落地"以外，还有一些可圈可点的地方。授课老师的教态、肢体语言、笑容和亲切的笑声，以及对每一个学生活动后的恰如其分的肯定性评价，都使得整个课堂充满生命力和幸福感（即我们所说的生命课堂和幸福课堂）。

有人说，"课堂教学是一门遗憾的艺术"，而科学、有效的教学诊断可以帮助我们减少遗憾。

确实，这节展示课例中抛出了几个值得我们深思的问题。

1. 如何让学生真正讨论（discuss）起来？

笔者留意到，本节课学生小组讨论活动有不少，但是有时候，教师发出work in groups的指令后，学生并没有真正讨论起来，或者说，有的学生没有参与到小组讨论中而是在work alone。这就要求教师在课堂教学过程中密切关注学生，根据学生的学习状态，组织、实施和调整教学方案，如果发现学生没有真正在互动、探究中学习，教师就要注意引导学生走到正确的"轨道"上。

在进行Task 5: Looking for partners! 和Task 6: Making improvements! 环节时，因为时间关系，学生基本上只是根据写作任务分工找到partners而没有真正进行讨论（make improvements）。这就要求教师在课前（pre-class）备课环节预先合理分配时间，尽可能避免出现前松后紧的局面，给后面的讨论环节（应该是本节课的高潮）留出足够时间。

2. 如何设置考查学生思辨能力（critical thinking）的问题？

余文森教授认为，好问题的主要特征表现在三个方面：一是灵活，只靠死记硬背和一般理解是回答不了的；二是能反映学科本质，涉及对学科文化的领悟和理解；三是开放，允许并鼓励学生有个性地回答问题。

近年来，高考命题在设问上也呈现出这样的走向：增强试题的开放性和探究性，注重考查学生的思辨能力。

本节课授课教师在学案的最后，设计了一个"课后拓展阅读"环节。设计任务如下：

Task 1: Please underline words related to healthy eating in this passage.

Task 2: Read the passage carefully and say something about three kinds of healthy food which are mentioned.

笔者认为，Task 1的设计能让学生在语篇中学习、巩固和拓展话题词汇，在高三基于话题的一轮复习，设计这个环节是非常好的。而Task 2的设计显得有点浅（surface）。要做到让学生进行深度学习（deep learning），教师在设问时，不应只是对文本知识的记忆性进行考查，而应该是让学生必须在全面了解的前提下进行深入思考。为了培育学生的思辨能力，我可能会设计如下问题：

（1）Why are the three kinds of food healthy?

（2）What can we do to make fish safe to us?

…

参考文献

［1］余文森.核心素养导向的课堂教学［M］.上海：上海教育出版社，2017.

［2］杨晓.知觉教学：身体现象学对教学改革的启示［J］.课程·教材·教法，2015（12）：64.

［3］钟启泉.“课堂互动”研究：意蕴与课题［J］.教育研究，2010（10）：73–80.

教学案例❸

过程性写作教学设计

一、学情分析

这是笔者所上的一节借班授课，学生英语基础很弱，班级考试成绩平均分40多分（满分150），大部分学生连老师上课的课堂用语都听不懂。

二、教学内容分析

笔者结合人教版教材Book 2 Unit 2 The Olympic Games话题，选择学生熟悉的与运动相关的话题：My Favorite Sport。

三、课堂活动设计思路分析

课堂活动环节从学生观看2012年伦敦奥运视频开始，学生带着问题看（watch）完视频后，笔者用知识结构图引导学生对关于sports的词汇进行归纳。接着，学生开始阅读（read）一篇短文，引导学生在语篇中发现（find）语篇的结构（outline）、段落主旨（topic）和与话题相关的useful expressions，并且要求以知识结构图的形式呈现出来。在进行充分的语言输入后，笔者设计了一个"学生基于兴趣组建运动队"的情境，要求学生进行My Favorite Sport

的写作。笔者想在整节课体现 "直观视频或图片导入和激趣、知识结构图旧知引新知、语篇导入、学生发现、生生和师生评价、注重激励" 的过程性写作（process writing）课堂教学活动设计理念。

四、教学目标

According to the new standard curriculum and the syllabus, my teaching aims are as follows:

1. Knowledge objects

（1）Ss can know about some sports and sports stars, for example, running, hurdle, ball games, horse riding, gymnastics and so on.

（2）Ss can master the usage of some useful expressions about the good sports can do such as build up, develop, become more confident, make more friends, excellent, favorite, win glory for, devote oneself to, make every effort to, learn from, not only··· but also···, what's more, besides, in addition···

2. Ability objects

（1）To develop the Ss' abilities of listening, watching, speaking, reading and writing.

（2）To guide Ss to set up effective studying strategies such as finding out rules in the given material, making up a mind-map, making up an outline before writing, how to carry out self and peer check and so on.

（3）To teach Ss how to write a descriptive writing.

（4）To train Ss' abilities of studying by themselves and cooperating.

3. Emotion or moral objects

（1）By completing the tasks, Ss increase their interest in sports.

（2）Ss take pride in China's achievements in sports and set up self-confidence in China's development, putting the moral education in the language study.

（3）Ss are encouraged to learn from the athletes and develop the Olympic spirit in their daily life.

五、教学重点

Based on the requirement of the syllabus, the important points are how to make up a mind map to collect related information, how to make up an outline before writing and how to write a descriptive writing.

六、教学方法

To achieve the teaching aims, the following methods will be used according to the modern social communication teaching theories.

（1）Communicative Approach.

（2）Process-writing Teaching.

（3）Task-based Teaching.

（4）Situational Teaching.

At the same time, CAI can provide a real situation with pictures and develop the Ss' creativity in learning English.

七、教学过程

Step 1. Leading-in

Task 1: Ss watch a video and tell what sports and athletes they have watched in the video.

Purpose of my design:

（1）to catch Ss' attention about the topic.

（2）to get Ss to know about different sports in the Olympic Games.

（3）to set up foreshadowing for the following step.

Task 2: Ss speak out the sports they have watched in the video and at the same time a mind map is presented on the PowerPoint.

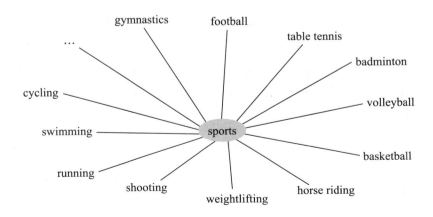

Purpose of my design:

Guide the students to connect the stimulus word (sports) with the related words to collect writing materials (words) and at the same time students can know about as many sports as possible.

Step 2. Before writing

Task 1： A reading passage is given to Ss and they are asked to make up the outline of the given passage and find out some useful expressions about sports, the good doing sports can do and some transitions used to make a paragraph more coherent.

Purpose of my design:

（1）to set up foreshadowing for the following step.

（2）to let Ss know how to write about their favorite sports and sports stars.

（3）to encourage Ss to learn from Yao Ming.

Task 2 (Individual work)： Ss are shown some photos of sports stars and asked to talk about what sport they like best and why.

Task 3 (Class work)： Ss found their separate team: a swimming team, a badminton team, a table tennis team and a track and field team and get cardboards of different colors with the team names and the information of the sports stars.

Purpose of my design:

Lead Ss to choose what they will write about in the process of writing.

Step 3. While-writing

任务设计：假设你是李华，你校学生会国际体育部准备成立学生游泳、羽毛球、乒乓球和田径四个运动队。为了掌握申请者对这些运动及运动明星的认识和了解，学生会要求申请者提交一篇用英语写的短文，介绍这些运动中自己最喜欢的运动和运动明星以及喜欢的原因。

Task 1 (class work and individual work):

Ss go through the writing material fast and focus on:

Style: _____ Person: _____

Tense: _____ Key information: _____

Outline: Para. 1 _____

Para. 2 _____

Para. 3 _____

Purpose of my design:

Ss learn how to analyze the writing material and make up an outline before writing.

Task 2 (Individual work and group work):

Ss are given enough time to practise writing.

Ss are asked to do self and peer check according to the checklist using some symbols.

Ss are given some guidance from the teacher.

Purpose of my design:

（1）to know if Ss can express their ideas and form a passage in limited time.

（2）to guide Ss to learn how to do self and peer check after finishing the writing to deal with problems by themselves.

（3）to organize Ss to work in groups and develop Ss' ability of communicating and cooperating with others.

Step 4. Post-writing

Ss are encouraged to present their writings in class.

Ss are encouraged to make assessments on the presented writings based on the checklist.

Some possible mistakes are pointed out and corrected.

Purpose of my design:

（1）to enable students to present their works in class bravely.

（2）to let Ss know how to make assessment on a writing based on the rubrics.

（3）to let Ss learn how to express their ideas correctly.

Step 5. Summary

In this period, we have learned some useful expressions about sports, how to write a good descriptive writing and how to assess peers' work.

Step 6. Homework

Polish your own writings.

Exchange your writings with your desk-mates' and improve them.

Finish the tasks at the end of the hand-out.

Purpose of my design:

（1）to let Ss strengthen what they have learned in class.

（2）to check whether Ss achieve the teaching aims.

（3）to expand some knowledge about the topic.

用英语教英语

听过不少教师上英语课，总觉得不像是在上英语课，因为满堂课英语使用率极低。

那么，怎样才能算得上英语课呢？我认为，课堂上应尽量多地使用英语。不仅教师如此，学生也应如此。也就是说，教师应用英语教英语，学生应用英语学英语。

什么是用英语教英语呢？英语课是实践性很强的课，双边活动应该非常活跃，教师和学生同时进行活动。用英语教英语，是这种双边活动实践性的具体表现。它要求学生用英语与教师进行交谈，整堂课上把英语作为一种交际工具来进行教和学。英语既是教学的对象，也是教学的手段。用英语教英语，是英语教学的重要原则之一，可以使得教师的讲直接转化为学生的练（听是学英语的一种重要的练习方式）。这样，讲练结合、大量实践的要求，自然得到了体现。讲练一体化，即使有时候讲的多一点儿，也是让学生多听一些英语。如果用母语来进行英语教学，反复讲，学生会感到厌烦，而且于听力也毫无用处。说得严重点，就是在浪费学生的时间。

说到这，我想到我所教的高一两个班，有的学生上课老想睡觉，或做其他事情，毫无心思听讲。问他们为什么这样，他们向我道出实情："老师，我们根本不知道你在说什么，你说的英语我们根本听不懂。""我们以前上初中的时候，老师都是用汉语教学。而你现在一进教室就说英语，我们都不知道要干什么。""我们考试绝大部分是靠猜的。特别是听力，平时听得少，根本听不懂。"原来如此，再细看这些孩子们的英语成绩，全是二三十分。虽然这些学生的成绩与他们的学习态度不无关系，但也不能不说与老师的教法有关。为了证实这一点，我又问了一些成绩较好的学生的情况，他们都说初中阶段老师比较注重用英语教学，课堂上基本都使用英语教学。由此可见，用英语教英语对学生的英语成绩有很大的影响。

用英语教英语，我们教学中存在的一些普遍性问题，如实践性不够、教师讲的多学生练得少、把英语课上成语法讲解课和词汇用法讲解课、英语课堂教学浪费大量时间等即可得到解决。

在初一教学"现在进行时态"这一语法项目时，如果用汉语对学生进行讲解"表示现在进行或发生的动作或现阶段正在进行的动作。谓语部分由be+动词-ing形式构成"。对于初一学生来说，很难掌握和理解这么长又拗口的句子。考虑到这一点，我先不提语法概念，而是用直观的方法把这一新的语法引进对话练习中。具体教学过程如下：

T: (Drink tea) What am I doing?

S1: You are drink tea.

S2: You are drinking tea.

T: Who is right?

S: (Together) S2.

T: S2, please open the window. (To S3) What is S2 doing?

S3: He is opening the window.

T: (To the whole class) Is he right?

S: Yes!

T: S3, please clean the blackboard. (To S4) What is S3 doing?

S4: He is cleaning the blackboard.

…

在这个教学过程中，我一连提问了一个小组的学生，在学生演练的同时，我又请另外的学生把练习过的 "You are drinking tea." "He is opening the window." "He is cleaning the blackboard." 等句子进行板书。我随即用红色粉笔把这些句子的谓语部分划出来，让学生自己总结"现在进行时"的结构。这样，整节课课堂气氛很活跃，调动了全体学生学习的积极性。本来干巴巴的语法知识在轻松活跃的气氛中被学生"消化"了。在第二天的课前复习小测验中，绝大部分学生都能交出令人满意的答卷。我想，这应该归功于"用英语教英语，讲练结合"的教学方法。

另外，教师运用学生所学或刚学的语言知识和结构，在用英语教英语的过程中，不断更新使用的语言，还能起到巩固知识的作用。

例如，初一学生刚开始上课时，课堂用语是"Class begins."学了"It's time to…"的句型后，我就改用"It's time for us to have our class."在学了let一词之后，我又改用"Let's begin our class."

又如，要求学生安静下来，刚开始时用"Don't talk, please."学了stop之后，就改用"Stop talking, please."并要求学生注意stop的用法。

这样，把一些较易用错的单词、短语和句型融入常用课堂用语中，在反复使用及反复听练中让学生熟练并且掌握用法。它比把一种意思的不同的表达板书到黑板上，要求学生背熟的教学方法更轻松，更易于学生接受。

如果不用英语教英语，而是在英语课堂上大量使用母语，情况会怎样呢？

第一，它会影响学生的学习兴趣。中学生，特别是初中学生对英语本来就有一种神秘感和新鲜感。如果一开始就注意对学生正确引导和培养学习兴趣，用英语进行教学，组织全员参与的课堂活动，学生的注意力就会集中到听英语上，他们为了要听懂老师说的英语，完成"落到自己头上"的学习任务，一定会专心致志地去听，不开或少开小差和说闲话，久而久之，就会形成一种良好的英语学习习惯。如果在课堂上老师只是一味地教单词、教翻译，要学生记住这是什么意思、要如何翻译，始终跳不出母语的圈子，学生就会感到学英语原来和学历史、政治没什么两样，只要去死记硬背就可以了，不用开口也可以学会。于是"聋哑英语"就出现了。更严重的是，学生的新奇感消失了，随之而来的便是产生厌学情绪，从而恶性循环。

第二，它将影响学生语感的形成。不管是学汉语还是学英语，语感都是很重要的。形成了语感，只凭语感做起题来，学起英语来就轻松很多。但是，语感的形成必须以多练、多听、多说为前提。

第三，它还将影响教师自己英语水平的提高。一种语言，不管是母语还是外语，如果不经常听和说，语言能力会慢慢退化。对教师来说，课堂是运用自己的业务知识、提高自己的业务水平的很好的场所。因为教师要把尽可能多的知识传授给学生，自己首先必须钻研业务，"要给学生一碗水，必须自己先有一桶水"。

强调用英语教英语，是不是说在英语课堂上一点儿母语都不用呢？这倒也不是。因为用英语教英语是从交际的角度来要求的，因此必须以学生能懂为准。在非用不可的情况下，教师也可以适当地使用母语。

总之，用英语教英语是英语教学中应长期贯彻的重要原则，也是提高英语教学质量的重要措施之一。贯彻好这一原则，对教师、对学生都是非常有用的。也只有贯彻好这一原则，英语课才算得上是真正的英语课，英语教学才能真正发挥其最好的效能。

怎样利用复述提高学生的听、说、读、写能力

复述，是指把所读或所听的内容用自己的话归纳出来。它包括口头复述和书面复述。在高中英语教学中，让学生进行经常性的复述训练，能提升学生的英语思维能力，提高学生综合运用英语的能力。

《普通高中英语课程标准（2017年版）》指出"语言技能是语言运用能力的重要组成部分。发展学生的听、说、读、写的基本技能，就是使学生理解语篇所传递的信息，根据不同的目的通过口头或书面形式创造新语篇。"

我认为，经常进行有效的复述训练，有利于我们实现《新课标》所规定的教学目的。

一、用复述训练提高学生听说能力

听和说同属于口语能力，在英语交际中是不分家的。随着各国人民交往的日益频繁，听说能力的用处越来越广。加强学生听说能力的培养是当代外语教学的发展趋势，也是提高我国外语教师水平应该努力的方向。

我在英语教学过程中，利用每个单元的对话和课文材料，对学生进行复述训练，以提高学生的听说能力。

我在教授新单元时，在引入（Presentation）或简介（Introduction）环节，先简单介绍本单元的对话或课文的背景知识，有时也做人物简介、故事简介等。要求学生认真听、用心记，然后根据自己听到的进行复述。在教授对话课时，我一般先放录音，提醒学生抓住"五W一H"要素，即who, when, where, what, why, how。然后要求学生把所听到的对话简单复述出来。这样，既训练了学生听的能力，也训练了学生的口头表达能力。在教授新课文时，我利用课文材料要求学生做大量口头复述练习。

下面以SEFC B1 Lesson 94为例，说明我是怎样利用课文材料要求学生进行口头复述的。

在阅读理解环节，我要求学生找出课文每段的中心句（Topic Sentence）。我利用Powerpoint将其映射在黑板上，同时也展示出一些关键词（Key Words）。

Para.1: China was one of the first countries to study the science of farming.

Para.2: Jia Sixie was one of the pioneers of farming.

    Born: _____   Lived: _____   Worked: _____

Para.3: He studied ways of keeping seed.

    Choose _____ hung up to dry _____

    knocked out of _____ sown

Para.4: He studied how to improve soil conditions.

    Remove _____ let _____ walk on _____ turn over _____

Para.5: He wrote a book called *Qi Min Yao Shu*.

    Time: _____   Characters: _____

    About: _____   Include: _____

    Considered: _____   Studied(by): _____

为了照顾一些基础不扎实的学生，我先结合板书中的中心句和关键词，带领学生一起复述一遍，为学生自己单独复述做准备，然后再指定学生进行复述。学生可以根据自己掌握的程度，或复述全篇，或复述几段，或复述一段，或仅仅只是一两句，但必须人人开口。我在学生复述的过程中不过分计较他们语言的准确性，不有错必纠，而是经常用"Very good!""Come on!"等语句给予肯定和鼓励。必要时做一些提示，让学生在课堂上能大胆地、毫无顾忌地开口说英语。学生都有争强好胜的心理，这次你能复述全篇，而我只能复述一段，下次我就要复述全篇。这样，激励更多的学生说更多的英语。经过长期这样的听说训练，学生的听说能力可以得到大大提高。

二、用复述训练提高学生读写能力

阅读按其方法和要求分为精读和泛读。在实际生活中，80%～90%的阅读是泛读。通过泛读，学生可以更广泛地、更大量地翻阅资料，猎取知识。频繁地接触语言材料，学生可以自觉不自觉地掌握大量常用的词汇，提高阅读能力。

在课文教学中，我要求学生在快速阅读课文一两遍后，用自己的话把整篇课文的内容复述出来（或分段复述），以检查他们能否抓住课文或段落的中心，从而理解课文，达到提高学生阅读能力的目的。

书面表达能力是英语的四项基本技能之一。湖南岳麓书院有一条校规是："读书必须经过笔。"美国某大学校长也曾说过："Every course we teach in this university is a writing course."现在高考题中书面表达题占分比例较大，但是学生的动笔能力很差，叫他们写日记或写自由命题的作文，他们总说无事可写、无话可说。一旦动笔写出来，也是错误百出，有的作文甚至全篇找不出一个正确的句子。于是，我就利用课文和对话材料，要求学生笔头复述课文，也就是把口头复述的内容写成一篇作文。这样，首先，可以巩固学生所学单词、短语、句法、语法等知识点；其次，也有助于学生对课文的内容有更深一层的理解；最后，也是最重要的一方面，即解决了学生无事可写的问题。学生人人都能动笔，表达的准确性有所提高，增强了他们写的兴趣，提高了他们书面表达能力。

教学工作篇

以情激趣，抓"心"抓"活"

兴趣是最好的老师。古人云："知之者不如好之者，好之者不如乐之者。"教育家乌申斯基说："没有任何兴趣而被迫进行的学习，会扼杀学生掌握知识的意愿。"现代心理学研究也表明：学生一旦对学习产生兴趣，在学习过程中就会处于高度自觉状态，就会以惊人的毅力和勤奋去学习。反之，如果学生没有兴趣，学生不但不会自觉地、主动地去学习，还会有厌学情绪，甚至发展到对抗教师或逃学。因此，教师在教学中应采用多种教学手段，培养和激发学生的学习兴趣，寓教于乐，使学生在乐中求知，以提高教学效果。那么，如何培养学生的学习兴趣，提高课堂教学效果呢？

一、建立良好的师生感情

教师必须和学生建立一种平等合作的师生关系，用教师的爱来激发学生对知识的兴趣。教师面带微笑走进教室，随着课堂教学的展开，自然地运用体态语言来配合教学，能给予学生无形的鼓励、勇气和提示。教师和蔼可亲的形象，会使学生对教师产生亲切感。教师爱学生、信任学生，学生就会对教师产生信赖。"教贵情深"，有了感情，就会增加教学魅力，学生往往由爱你而爱上你所教的学科。

有一位教育家说过："一个教师经常向学生发火，只能证明他无能。"试想，如果教师对学生老是板起面孔，动辄训斥，那么，学生见到他就像老鼠见了猫一样，课堂教学怎么会生动、活泼呢？在这种师道威严下，学生的神经系统总是处于紧张和抑制状态，怎么可能有积极的思维呢？学生没有渴求知识的内因，又怎么可能提高学习质量呢？以前，我所带的班有一位任课教师，他终日一副怀才不遇的样子，脾气暴躁，稍不如意就大发雷霆，弄得学生一上他的课就"紧张兮兮，提心吊胆"（学生的话），生怕一不小心就会被训。一学期下来，该科期末考试成绩居全年级倒数第一名，而其他七科中有五科是全年级第一名，两科全年级第二名。这不能不说与该教师有密切关系！

二、创设有趣的教学情境

英语是一门实践性很强的学科，而我们没有学生英语实践交际的条件，没有能经常运用英语的语言情境和机会。因此，只有靠教师在课堂上指导学生创设虚拟的"英语世界"，给学生提供一个学习英语与交流英语的平台，创造英语交际的情境和语言氛围，让整个课堂"动"起来，动则"活"、则"灵"、则"成"。课堂上，尽量做到教师启动，师生互动，学生主动。"教师启动"，即教师发动、调动，是手段；"师生互动"，即师生配合，教学相长，是途径；"学生主动"，即学生学习的主动性、自觉性和创造性得到充分发挥，是目的。

在英语教学过程中，我经常引导学生：这层意思或这个事物用英语该怎么表达，在这种场合下"老外"会说些什么，从而刻意培养学生英语交际的意识。为了调动学生学习英语的积极性，调节课堂气氛，我还经常组织学生进行分角色对话或表演。有时是两人一组，有时是以班组为单位进行组间比赛；有时是即兴表演，有时是事先做好准备，还可自制一些道具。学生在表演过程中，自然达到了巩固所学知识的目的。形象的情境创设，使学生减少了压力和枯燥感。课堂上充满了欢声笑语，气氛相当活跃。

例如，我在教Senior B 2　Unit 10（高二第十单元）*At the Tailor's Shop* 一课时，在做完阅读理解练习后，我布置学生课后三人一组准备一个小品，自由报名在班上进行小品表演比赛，同时选出八名学生担任评委，从语音、语调、表情、道具准备、语言流畅等方面进行评分。学生踊跃报名。表演时，由于学生准备充分，穿着打扮滑稽，语言幽默诙谐，表情夸张，道具（百万英镑的支票等）各具特色。不管是参赛的学生，还是当观众的学生，情绪都非常高，整堂课上充满了欢笑声和掌声。就连平时英语成绩较差的学生也能参与进来，而且表演起来丝毫不亚于平时英语成绩好的学生。此项活动中，学生处于紧张而又热烈的气氛中，能充分动脑、动眼、动嘴，在教师的启动和诱导下积极获得知识，形成技能和发展能力。

《英汉大词典》的主编、英语专家陆谷松说："英语学习需要有压力（pressure）和乐趣（pleasure）的结合。今天的英语教学中接踵而来的考试和枯燥无味的课堂教学，抑制了同学们的求知欲和学习兴趣。教师要使英语成为学生生活中须臾不可或缺的有趣事物。每堂课要在连续脑轰击（brainstorming）的同时，使学生开怀大笑几次。"我在课堂教学中，就像米卢倡导的"快乐足球"一样推行"快乐英语"。尽量采用轻松多样的教学组织形式，努力营造轻松愉快的课堂气氛。在教学姿态方面，语调、表情等力求多变，吸引学生的注意力。在教学一些新的短语和句型时，我经常举一些有趣的，与学生生活贴近的或是学生感兴趣的事例，让学生在微笑中接受新的知识。我还经常让学生把自己设想为对话或课文中的角色，提问：If you are..., what will you do?（如果你是……你会怎么做？）

　　例如，在教完 Senior Book 2 Unit 15　Lesson 58　*Noises in the Night* 一课 后，为了巩固所学的知识，我把学生分成四个大组，要求每个组分别以年轻女士（the young lady）、女士的叔叔（the lady's uncle）、华生医生（Dr. Wason）、福尔摩斯（Sherlock Holmes）的口吻来复述课文，学生也可以完全按自己的思维方式另述新的故事（学生有一晚的时间准备）。第二天，学生积极参与。有的学生按课文内容流利地进行复述，而有些英语成绩较好的学生则另述新的故事，其故事情节完全出乎我的意料，也博得了同学们的阵阵掌声。教学实践证明，此类活动大大增加了学生英语实践的机会，充分调动了学生的主动性和积极性，满足了学生的表现欲，有利于发挥学生互教、互学的整体功能。同时，也有利于活跃课堂气氛，激发学生学习兴趣，提高教学效果。

三、运用合理的激励机制

　　皮格马利翁效应及课堂教学实践证明：课堂中教师的肯定性评价对学生学习的进步和成绩的提高能起到较好的激励作用。苏联教育家苏霍姆林斯基说："让每一个学生在学校里都能抬起头来走路。""抬起头来"就是自信的体现。让学生"抬起头来"最好的方法就是肯定和赞扬。教师在课堂上扮演的角色不是领导者（leader），而应该是组织者（organizer）、合作者（coordinator）、支持者（supporter）和鼓励者（encourager）。学生的求知欲是相当强的，就连那些成绩差的学生也有想学好的心理，只是由于他们基础差、学习方法不对、自己疏懒，慢慢导致缺乏学习兴趣，形成恶性循环。因此，教师在教学中无论对什么样的学生都要让他树立一个"我能行"的信念；要利用表情、手势、目光等鼓励学生参与活动，设法让学生在学习中取得一定的成绩，获得一些成就感（sense of achievement），从而激发学生学习英语的兴趣和积极性。在课堂上，我对在表演或回答问题中表现较好的学生都给予适当的表扬和肯定，多用"对（Yes）！""好（Ok）！""很好（Very good）！""很棒（Wonderful）！""棒极了（Excellent）！"等评价语，学生的情绪更高、更愉快，以后便更主动地参与类似的活动；而对在表演或回答问题中表现不是很出色的，甚至是出错的学生，也用"很好，但是……（Good, but…）""再考虑一下（You may think it over again）"等，降低学生的挫折感和失败感。另外，在学生的实践中，为了增强学生的自信心，我不随意打断学生，即使学生某处有明显的错误，也要等学生结束活动后再委婉地提出来。比如，在学生口述完课文后，我对学生作出评价："你的复述除有几处错误外其他都很好（Your retelling is very good except for some mistakes）。"这样，纠错效果比直接说"你的复述中有一些错误（There are some mistakes in your retelling）"要好得多。

总之，要培养学生学习的兴趣，关键在于教师如何"抓"住学生的心，吸引住学生；如何使枯燥的单词和语法"活"起来、"动"起来、"有趣"起来。学生对学习有了兴趣，才会主动去学，这种主动性是学生学习的一种内在的强大动力。英语教学在我国是外语教学，学生课外基本没有语言环境。因此，作为英语教师，培养学生学习兴趣、提高课堂教学效果就尤为重要。

值得重视的中学英语语法教学

现行新版中学英语教材的使用，使得外语教学由重知识的传授转向重交际能力（communicative competence）的培养。中学英语语法教学现在有一种逐渐被淡化的趋势。有一些学者甚至过分强调交际语言的重要性而相对贬低语法教学的重要性。有一些教师，特别是初中英语教师完全忽视语法教学在英语教学中的作用，导致学生掌握的语法知识几乎为零，从而使学生不会用词造句，造句不能达意，严重影响了英语技能和语言运用能力的发展。

一、语法教学的必要性

著名教材编写家亚历山大说过，交际法（communicative method）要求用语言做事，用语言做事必须运用语法结构和词汇以达到交际的目的。倡导交际语言教学的专家在为交际能力下定义时也无一不把语言能力（linguistic competence），即掌握语音、词汇、语法等语言知识和规则，能辨别和造出合乎语法规则的正确句子的能力，作为构成交际能力的重要内容之一。他们还强调交际需要适当的表达方式和正确的语言形式，不适当的表达方式和不正确的语言形式均会影响交际。有人认为，婴幼儿学说话时，很快就能获得运用语言进行交际的能力，根本就不必学什么语法，我们学生学语法也一样。其实不然，中学生早已告别了"牙牙学语"的婴孩阶段，5岁以上的孩子已具备了相当的语言能力和对事物（如语言）进行演绎学习的能力。更重要的是，在一般情况下，由于学生学英语没有语言交流的环境，他们只有靠掌握系统的语法知识，把握英语的基本结构，才能提高英语学习效率和运用英语进行交际的准确性。

《普通高中英语课程标准（2017年版）》指出："在语言运用中，语音、词汇、语法、语篇和语用知识交织在一起，成为语篇意义建构的最重要基础。

语法参与传递语篇的基本意义。而学生在阅读过程中，如果没有语法知识是不可能进行正确语篇理解的。语法知识在写的过程中尤其体现出它的重要性。目前，高考全国卷试题中，书面表达类占25分，占全卷分值的16.7%。从学生书面表达中出现的问题来看，学生并不是不知道要写什么。他们掌握要点一个不漏，但是语言形式却错误百出，要么句子成分不全，要么词类乱用，要么时态混淆。这些以语法结构错误为主要特征的语言，严重影响了语言输出的准确性。要解决这些问题，只有加强语法学习。另外，现在高考全国卷语法填空题（10个小题15分）和短文改错题（10个小题10分）都是直接考查考生对语法项目的认识、理解和语境运用的。由此可见，语法的学习和应用，不管是从交际的角度还是从应试的角度来看，都值得重视。

二、语法教学中需要解决的问题和克服的困难

1. "五重"和"五轻"

目前，我国中学英语语法教学中存在"五重"和"五轻"的问题：重知识传授，轻技能训练；重详细讲解，轻反复练习；重书面练习，轻口头练习；重语法分析，轻语法运用；重掌握规则，轻掌握实例（胡春洞：《英语教学法》）。学生在语法学习和使用中最感困难的是语法太复杂，常常顾此失彼。多种词类，多种句子成分，多种词形变化，多种句子结构，再加上冠词、介词、连词等多种用法，好似一个难以捉摸的万花筒。

2. "一致关系"

学生学习语法的困难，首先表现在"一致关系"上。如主、谓语的一致，名词和数词的一致。在主谓语的一致关系上常常出现动词人称变化上的错误。学生之所以在"一致关系"上容易出现错误，是因为汉语里没有"一致关系"和词形变化的现象，说惯汉语的学生在使用英语时，容易以汉语的用语习惯套用英语。比如，在汉语中属可数名词的"纸"和"粉笔"，在英语中却要说成a piece of paper和a piece of chalk，而不是a paper和a chalk；在汉语里抽象的"收割"和"休息"，在英语里却可以说成a crop和a rest。另外，汉语动词无词形变化，英语动词却有原形、过去式、过去分词、现在分词、第三人称单数、不定式等多种形式，学生在学习和使用时，一方面，要考虑动词的词形变化，另一方面，又要考虑动词在时态、语态等方面的特殊表达方式，往往顾此

失彼，应接不暇。

3. 词的排列

学生学习语法的另一困难在于词序。句子里的词一般都有一定的次序，不能随便打乱。英语思维模式在语法、语义、语用等方面与汉语的思维模式有差异。虽然在英语学习过程中，英汉两种语言思维模式之间的异同、联系、转换、互补会给学习者以跨地域和跨文化的思维想象空间，帮助学习者拓宽视野，为形成良好的文化意识打下坚实基础，但是学生在英语运用（如翻译或书面表达）练习中，又经常会出现一些汉语式的英语句子，如I very like this film. / The car runs enough fast. / My school is two kilometers far./ I very like the give me much help person /...

4. 多种句子结构

多种句子结构对于学生来说也是一大难点。虚拟语气的各种句型和各类从句，如主语从句、表语从句、宾语从句、同位语从句、定语从句、状语从句等，都会让不少学生无所适从。其中，定语从句引导词的限定用法，关系代词和关系副词的区别，更是学生学习的"瓶颈"。

三、解决问题的科学方法

针对目前我国中学英语语法教学中存在的这些问题，以及学生在学习中的困难，我们首先要明确中学所教的语法是实践语法，而不是理论语法。教学语法是为了掌握语言，掌握了语法条文并不等于学会运用语法。语法规则是从大量的口头语和书面语中抽象出来的，而不是语法学者主观规定的，是对不断变化中的语言现象的科学概括，而不是停滞不前、脱离语言实践的僵死条文。因此，教学语法必须从语言实际出发，并用以指导实践，以提高学生对语言的分析理解能力和运用水平，践行以语言运用为导向的"形式—意义—使用"三维动态语法观。

1. 认清问题本质

语法的学习不能脱离语言的实践。语法教学要以实践为纲，以技能为核心。同时，要引导学生的学习思路，对语法不要进行过分的思辨，把语法作为手段来学，作为桥梁来用，克服为学语法而学语法的倾向。另外，在进行英语词句错误分析时，也不要把大量词句错误从形式上归结为语法问题，说成是语法不过关，误导学生死抠语法。要透过形式指出造成英语词句错误的本质原因在于语感不强、练习不够，教师应该引导学生多实践，通过实践解决语法问题。

2. 在语境中教学语法

《普通高中英语课程标准（2017年版）》指出，英语教学中要强调学生的参与和体验，强调采用多种形式的教学活动，使学生在尽量真实的环境中进行交际。教师在教学方法上应从单纯的机械训练和语法讲解转向培养学生的综合语言运用能力，特别强调理解和表达能力、思维与想象能力，以及分析问题和解决问题的能力，应把语法置入上下文的语境中，即有目的地设计一些含有语法点的交际活动，让学生在实践的语言材料中感知、理解和掌握语法。有的甚至可以以顺口溜或诗歌的形式教语法。比如，在教虚拟语气时可以让学生背记下面的小诗：

If I Were You

If I were you,

How great it would be!

If I were you a young man,

I would enjoy the colorful life sea.

If I were you a surfer in the time,

I would fly like a bird and free.

If I were you a brave striver,

What a great opportunity that would be!

Then if you were I,

What would you like to be?

（作者自编）

在教虚拟语气的… V. that sb. should do something句型时，引导学生对常用于此句型的动词进行"一二三四"口诀归纳记忆：

一坚持 insist

二命令 order, command

三要求 require, request, demand

四建议suggest, advise, propose, recommend

同时，结合学生熟知的身边事例呈现例句：

（1）Our English teacher insisted that we should practice our calligraphy everyday.

（2）Xiao Long is so noisy in class and ordered（commanded） that he should be quiet.

（3）We are demanded (required/ requested) that we should wear school uniforms every day while at school.

（4）Our head teacher suggested (advised/proposed/recommended) that we should go running around the sports field to relax ourselves after school when faced with heavy stress from study.

现行SEFC教材的编写，也把语法融入了话题中。比如，在SEFC B 1 Unit10 中，要处理的语法项目是介词 +which和介词 +whom 引导的定语从句，而在本单元的课文中就多次出现此类定语从句。又如，在SEFC B 2 Unit 9中，要处理的语法项目是过去分词作定语和表语，本单元的课文A Day in the Forest 中出现了11处过去分词。在教学语法时，教师可以让学生从课文中找出这些句子，从上下文去理解该语法的用法、含义和构成形式。这样，学生是在用语法而不是在背语法。

3. 在情景中教学语法

《普通高中英语课程标准（2017年版）》明确提出"高中英语课堂教学中应采用多种教学方法，任务型教学为其中主要的教学方法之一"。教师的任务是通过创设最佳教学情景，引导学生积极地参与到教学活动之中，使得学生能够通过多个渠道、多种角度进行语言的运用和学习。

有些语法项目用汉语叙述很难使学生理解，但如果用简图、表演等手段使其情景化，把语法教学转换成任务型情景表演，学生就可以轻松接受语法知识了。例如，教授分词短语作状语时，学生经常弄不清是作目的状语、伴随状语、还是结果状语。为引起学生的兴趣，教师可以在教学实践中设计这样几个情景任务让学生表演。

（1）一个学生坐在座位上，眼睛看着窗外。

教师问：What is he doing while sitting in his seat?

引导学生回答：He is looking out of the window while sitting in his seat.

然后转换成：He sits in his seat, looking out of the window. （伴随）

（2）一个学生失手把一个空墨水瓶掉在地上，其他学生都站起来看。

教师问：What happened to the bottle?

引导学生回答：She dropped the bottle onto the ground and the bottle was broken.

转换成：She dropped the bottle onto the ground, breaking it into pieces.（结果）

（3）一个学生急急忙忙地跑进教室。

教师问：How did he came into the classroom?

引导学生回答：He ran into the classroom.

引导转换：He came running into the classroom.（方式）

这样，学生对-ing分词短语作伴随状语、结果状语、方式状语等就加深了了解和记忆。

4. 在精练中教学语法

俗话说："拳不离手，曲不离口。"这句话充分说明了练习的重要性。"练"是巩固知识、形成技能技巧的必要手段，但切忌搞"题海"战术，而应关注学生学习体验、动手实践及创新意识的培养，精心选题。选题的准则是：大纲的要求，教材的深宽度和学生的实际水平，突出典型和系统（胡春洞，《英语教学法》）。例如，在教授高中阶段既是重点又是难点的定语从句时，学生对于关系代词和关系副词的运用很难把握，特别是在一些特殊情况下。教师在教学中可以编选这样一套练习题，进行多层次、多类型的比较强化练习，现举例如下：

（1）Who is the lady ＿＿＿＿ is playing the piano?

（2）This is the third film ＿＿＿＿ has been shown in our school this term.

（3）Tom is no longer the boy ＿＿＿＿ he was five years ago.

（4）Here is the car about ＿＿＿＿ I told you.

（5）He has a pretty wife, ＿＿＿＿ is a nurse.

（6）Bob always tells a lie, ＿＿＿＿ his parents find strange.

在讲授精选例题时，还可对例题进行分析、改造和变换，提高学生举一反三、触类旁通的能力。例如讲解下题：

This is the film ＿＿＿＿＿＿ now.

A. to be shown   B. being shown

C. having been shown   D. shown

分析：这是一道非谓语动词作后置定语的测试题，根据时间状语now，正确答案应是B。

改造：1. This is the film _____ (show) last Sunday.

2. This is the film _____ (show) next Sunday.

3. This is the film _____ (show) many times.

变换：All the Chinese people are working for the 2008 Olympic Games, _____ in Beijing.

A. being held   B. to be held

C. will be held   D. having been held

5. 在归纳对比中教语法

新教材采用循环式编排语法项目，即把同一个语法项目分层次、分阶段在教材中呈现，这种教法有其优点，但是缺点也是显而易见的。它把语法知识之间的内在联系中断了，使其缺乏系统性，无法使学生对所学内容形成系统概念。例如，SEFC教材将定语从句在第一册、第二册中分9次呈现，将非谓语动词分8次呈现。如果教师不把这些内容集中归纳而是一味地进行专项训练，只会导致学生对所学语法知识模糊不清，影响语言运用的准确性。因此，在学生积累大量语言材料的基础上，通过教师点拨，对教材中分散的语法现象，适当地进行集中和归纳是非常必要的。

比如，可用如下表格对非谓语动词的用法进行归纳（表中状语、表语、介宾部分省略）：

		不定式	动名词	现在分词	过去分词
主语		表示具体、特定或将来的动作。 To master English is not easy.	表示经常泛指的动作。 Swimming is good exercise.		
宾语		表示具体、特定或将来的动作。 I like to swim in the summer.	表示经常泛指的动作。 She loves swimming.		
宾语补足语		表示经常或一次性完成的动作（在使意动词、感官动词后，不定式符号to可省去，变为被动时不可省）。 I often hear her sing in the next room. She is often heard to sing in the next room.		表示动作正在进行或一直进行。 I'm sorry to have kept you waiting. I saw her standing there.	表示被动，完成。 He was surprised to find the flower-pot broken. I heard him beaten by his father last night.

	不定式	动名词	现在分词	过去分词
定语	有将来的含义，和所修饰的词有动宾关系。 She has a letter to write.	表示所修饰事物的用途。 There is a swimming pool.= There is a pool for swimming.	表示正在进行。 The boy standing under the tree is our monitor.	表示完成，被动。 The novel written by Lu Xun is worth reading.

　　对于一些学生极易混淆的语法项目，可以利用一组组例句来进行对比，以便加深理解。比如，在学完名词从句后，可对几种易混淆的从句进行对比：

　　（1）That he needs a watch is known to us.

　　　　What he needs is a watch.

　　（引导词 that 和 what 用法的区别）

　　（2）Have you ever heard the news that he has gone abroad?

　　　　Have you ever heard the news that he brought to us?

　　　　Have you heard that he has gone abroad?

　　（同位语从句、定语从句和宾语从句的区别）

　　还可以引导学生制作思维导图（mindmap）进行系统的归纳与复习。以下是在复习"名词从句"时学生小组合作制作完成的思维导图。

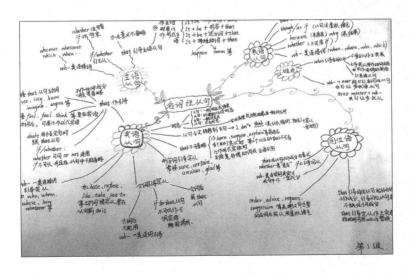

　　总之，目前中学应予英语语法教学以足够的重视，努力提高语法教学效率，使其更有效地为"培养运用英语进行交际的能力"服务。当然，语法教学

只是一种手段而不是目的。因此，教师应准确把握语法教学在整个英语教学中的位置，认识到中学各阶段的语法教学既各有重点，又不能忽视整体把握。既不夸大，也不低估，才是正确的态度。

参考文献

［1］李光文.高三英语语法教学要"优化输入，分层输出"［J］.中小学英语语法教学与研究，2000（4）.

［2］李庭乡.英语教学法［M］.北京：高等教育出版社，1983.

［3］佟文柱.中学英语语法教学刍议［J］.中小学英语教学与研究，2000（1）.

［4］胡春洞.英语教学法［M］.北京：高等教育出版社，1996.

［5］蒋树业.中学英语能力训练手册［M］.长春：吉林教育出版社，1998.

［6］中华人民共和国教育部.高中英语新课程标准［M］.北京：人民教育出版社，2017.

本真教育，素养课堂

谈新课标下的英语试卷分析

考试，作为评价教学效果和学生学习质量的手段之一，是学校教育教学工作的组成部分。而考试后的试卷分析与备课、上课、批改作业一样，都是教师教学工作的组成部分。本文根据笔者的教学实践，探讨试卷分析的必要性、试卷分析的内容、试卷分析的方法及追踪访谈等几个方面的问题。

一、试卷分析的必要性

考试结束以后，教师如果不研究学生试卷答案所反映的学习状况，而是只关注考试分数，有的甚至还将学生的分数进行排名公布，或提出下次考试提高分数的目标，学生的注意力只会在考试分数上面。分数低的学生会有强烈的挫折感，导致情绪低落，丧失自信心，有的甚至为追求高分而在考试中使用作弊手段；分数高的学生可能也乐观不起来，他们会为能否在下次考试中保持高分而忧心忡忡；还有一些学生可能对考试结果毫不在乎，既不在乎分数也不在乎是哪里出了问题。这就是语言测试中被称之为的负面"回波效应"。这样，考试便失去了它的诊断与指导的功能，而沦为一种对优差生进行分类的手段。相反，如果教师在考试阅卷后认真进行考试结果分析，总结发现自己教学的成功部分，也会发现不足之处，从而确定下一阶段的教学重点，调整教学策略，确定学生的知识缺漏，因而制订措施，在下一步教学中加以改进。同时，学生在教师试卷分析的指导下，思考自己做错题的原因，是简单的疏忽，还是哪部分知识掌握不牢，然后在后阶段的学习中加以改进。它对教学的"回波效应"是正面的。这样，考试的目的也就达到了，即有利于下一步的教与学。

普通高级中学课程标准实验教材体现新的评价理念，将评价有机地融合在教学过程中，其中就包括了对所学内容的检测及评价，这有利于促进学生的学习反思、自我调控能力的发展，使学生进行有意识的学习，还有助于教师了解学生的学习情况，发现每名学生的进步与存在的问题，为改进教学方法提供依据。

二、试卷分析的内容

1. 总成绩统计

很多教师在进行试卷分析时，少不了在这方面下功夫：总分、平均分、及格率、优秀率等。这些固然是在试卷分析内容之列。处理得好，能使学生了解自己的学习水平，客观地面对自己的分数。教师也能从整体上了解学生的学习情况，从而为下一阶段的教学工作制订整体目标。

2. 各题成绩分析

对于任课教师来说，只了解最高分、最低分、平均分等信息还远远不够。每次考试结束，批改完试卷后，我都是分大题把得分登记在登分册上，每位学生的长处、知识及能力缺陷便一目了然。每次考试完后，我还会制作如下两个表格（大考有系统生成）：

题型	听力	单项选择	完形填空	阅读理解	书面表达
及格人数					
平均得分					
最高分					
最低分					

题数	1	2	3	4	5	6	7	8	9	10	……
答对人数											

在考试结果分析中，我充分利用上面第1个表格中的数据，淡化每位学生的总分比较，重点放在各项目的比较分析上，向学生公布每道试题的平均得分，要求学生把自己的得分与平均得分做比较，使学生明确自己存在的问题。长此以往，通过逐项的纵向对比分析，学生能较为容易地找出自己的薄弱环节，发现自己的不足，明确自己努力的方向。

3. 试题分析

根据总成绩统计的情况，试题分析各有侧重。如果各项指数较低，则全卷

本真教育，素养课堂

分析；如果各项指数较高，则根据上两个表格提供的信息，特别是第2个表格的信息选题分析：答对人数较多的题一带而过，答对人数较少的题就重点分析。

三、试卷分析的方法

如果说备课是为寻找培养学生思维的素材做准备，上课是为学生思维的互动开辟渠道和舞台，批改作业是为学生的思维成果提供反馈信息，那么，试卷分析则是促使学生思维向高层次飞跃发展的催化剂。

《课程标准（2017年版）》要求学生成为评价的主体，以多种方式积极参与评价，这就要求教师鼓励学生个人或与小组合作进行自我评价和合作评价。

《课程标准（2017年版）》还指出：使学生形成有效的学习策略，发展自主学习和合作精神是英语课程的重要任务之一。在试卷分析课中也不例外。教师不能一味地居高临下地搞"一言堂"，而是要为学生提供自主学习和相互交流的机会，以及充分表现和发展自我的空间，使学生在参与和体验中认识自我、建立自信，有效地调控自己的学习过程。

在教学实践中，我把握《课程标准（2017年版）》的理念，采用不同的方法分析试卷。

1. 师生互问

在课堂上，为了调动各层次学生的积极性，同时为了满足各层次学生的成就感需要和自尊心需要，在处理一些大题时，我会根据各小题的难易程度，提问不同层次的学生，要求他们不仅说出正确答案，还要解释自己选择的依据。对表现好的学生给予肯定的评价。这个过程虽然比较耗时，但学生可以自己解决问题，从而牢固掌握知识。同时，也可以增强学生自主学习的意识和让学生在课堂上体验成功的快乐。

学生也可以就老师没有提到而自己不懂的问题向老师提问，请求老师讲解。

2. 小组讨论

有时，为了让学生自己发现问题，在老师进行试卷分析之前，组织学生进行分组讨论（group work）。在讨论过程中，有些问题即可得到解决，而有些解决不了的问题，可以找其他组或老师讨论、解答。这样，学生在合作学习中可以自主解决很多问题。

3. 教师点评

在试题分析过程中，教师要对有的知识点进行归纳、总结或拓展。例如，在处理以下这道题：（粗体为正确项）

My English teacher usually _____ the students into pairs to practise using new vocabulary.

A. breaks out
B. breaks through
C. **breaks up**
D. breaks down

我不仅对四个选项进行了详细辨析，还给学生归纳出另外一些常用的由 break 构成的短语：break in, break into, break away from, break off, break one's word 等及它们的用法。

短语辨析题对学生来说是一个难点，把一组词或短语放在一起学生很容易混淆。遇到这种题时，学生的大脑有时会一片空白，产生恐惧感。我在处理这种题时，经常举出例句，教会学生根据例句来理解记忆词或短语的用法。还要求学生平时注意多积累词汇，多进行语言交流。

有时，我还会把一些题进行"整容"，以提高学生举一反三的能力。

（1）The twins look alike, but they _____ in temperament.

A. different
B. **differ**
C. distinguish
D. transform

改为：The twins look alike, but they are _____ in temperament.

A. **different**
B. differ
C. distinguish
D. transform

（2）The students in our class all passed the exam, _____ you and me.

A. include
B. **including**
C. to include
D. included

改为：The students in our class all passed the exam, you and me _____.

A. include
B. including
C. to include
D. **included**

（3）She armed herself for the interview by finding out all _____ she could about the company in advance.

A. /
B. **that**

C. what   D. which

改为：She armed herself for the interview by finding out _____ she could about the company in advance.

A. /   B. that

C. what   D. which

（4）_____ the rockets coming into being, the Space Age began, _____ China will play an important role.

A. As, when   B. With, which

C. As, in which   **D. With, in which**

改为：_____ the rockets came into being, the Space Age began, _____ China will play an important role.

A. As, when   B. With which

C. As, in which   D. With, in which

这样，学生做一道题可以同时涉及几个知识点，解决几个问题。

当然，有时为了照顾学习基础薄弱的学生，还得采用老办法：全讲，讲细，讲深，讲透。

四、追踪访谈

课后，我就试卷分析的方法对学生进行访谈。当问到他们喜欢哪种方法时，一些性格外向、思维活跃的学生说喜欢讨论的方式；有些成绩比较好的学生说喜欢老师提问让他们解答的方式，他们在活动中可以获得非常强的成就感；而一些性格内向、成绩不太好的学生则说喜欢由老师讲解、自己做记录的方式。

📖 参考文献

［1］武尊民. 英语测试的理论与实践［M］. 北京：外语教学与研究出版社，2002．

［2］胡春洞. 英语教学法［M］. 北京：高等教育出版社，1989．

［3］高月琴. 评讲课的改革与反思［J］. 中小学外语教学与研究，2004（9）．

［4］石锡伍. 发挥校内英语考试评价的诊断功能［J］. 中小学外语教学与研究，2004（12）．

以生为本，提高英语课堂教学的有效性

生本教育即在教学过程中一切为了学生，高度尊重学生，全面依靠学生（郭思乐，《教育走向生本》）。夸美纽斯说："……应该找出一种教学方法使教师因此可以少教，但是学生可以多学。"生本教育就是希望实现这一理想的教学方法。

一、充分信任学生，实现少教多学

在平时的教学实践中，经常会听到有的教师（包括我自己）抱怨"一节课的时间太短了"或者"讲了一节课，累死了，还不知道学生听懂了多少"。真可谓"可怜天下教师心"！教师在课堂上唯恐学生听不懂，把课文及知识点嚼得细细的，然后慢慢地喂给学生。为了怕完不成课前"充分"准备好的教学任务，经常出现教师自问自答，而把学生变成"速记秘书"的情况。教师忙着讲课，累！学生忙着记笔记，累！这种情景仿佛是一个人卖力地拉着一辆汽车在跑。教师在课堂上偏偏忘记了学生这部"汽车"是可以给他钥匙，让他打开自身的动力系统马达，而不是要靠我们像拉马车一样去拉的。在这种课堂中，学生学起来苦不堪言、毫无乐趣，更谈不上发挥主体性和创造性。更可怕的是，久而久之，学生的思维活动受到局限，就自然形成了一种惰性。这种"保姆式"的教育使学生失去了主动学习的动力和兴趣。殊不知，主动才能产生效率。

构建主义理论告诉我们，学习是在主体原有的经验基础上构建知识的内化过程。学生是有个体意识的人，他们有自己的权利、个性、兴趣、特长和喜怒哀乐。每个学生都是自己学习的主人，而不是知识的被动接受者。只有主动意义上的积极构建，英语教学才会更有效。学生学会任何东西，最终都要通过自己的内化，知识的获得最终不是依靠教师的教，而是要依靠学生主动学。教师讲得再多，如果学生不学，不进行内化，就等于是做无用功。

那么，我们为什么不充分信任学生，把学生从被动地记笔记变成他们主动地学习，在教学中渗透学习策略的培养，教学生掌握学英语的方法（少教），使之自成其法，自觉主动地学习（多学），从而把自己从知识生产的"蓝领"变成知识生产过程中的知识管理的"白领"呢？

二、充分尊重学生，建立和谐的师生关系

著名的心理治疗专家罗杰斯把在心理治疗和咨询中长期积累的经验移植到教育领域而提出非指导性教学。他提出，教师应该充分尊重学生。教师的任务是创造促进经验学习的课堂气氛，为此，教师需要有真诚的感情。一旦和谐的气氛形成，随之而来的是学生自我指向的学习。

这又让我想到我们英语学科，为什么是学生出现两极分化现象最早又最严重的科目呢？现在想来，除了没有学习的语言环境、学生的基础参差不齐等因素以外，这种现象的出现与教师的教学方式也是不无联系的。为了应付中考和高考，大部分教师采用的是传统的教学方式，即师本教育，也就是教师讲、学生听和记笔记。事实上，学生的基础和智力是不同的。基础好、智力也较好的学生在课堂上能跟上教师，在学习过程中能获得成就感，能体验到学习的快乐，从而能够与教师建立一种和谐融洽的师生关系；而基础较差或者天资不够聪慧的学生在课堂上无法跟上教师的教学节奏，他们听不懂教师讲的内容，自己看又看不懂，有的甚至连教师讲到哪儿了也不知道。时间一长，他们便厌倦了学习。在课堂上，他们根本体验不到学习的乐趣，渐渐地，甚至会认为课堂上没有属于他们的活动。于是，他们要么睡觉，要么自己玩，有的甚至讲话或故意弄出一些声响来吸引教师及其他同学的注意。

面对这种情况，教师是不理不睬或者勃然大怒，还是另想他法呢？以我自身的教学实践来看，不理不睬只会助长他们的气焰，干扰课堂教学而使得其他同学无法听课，教师也无法上课；勃然大怒更会激化师生矛盾，搞不好会发展成让教师无法收拾的残局。

作为教师，我们可否采用一种对师生双方都有利的方式来处理课堂上的矛盾呢？现在，很多教育专家极力主张的生本教育便能使这些问题迎刃而解了。

生本教育的本质是保护每个学生内在的积极性。即使是差生，也有表现自

己的愿望。教师何不在课堂教学中多设计一些属于他们的活动，让他们有机会表现自己呢？教师何不耐心地倾听他们对自己的关注和对问题的诉说？在遇到冲突时，教师何不丢掉"师道尊严"的思想而与自己的学生建立真诚平等的师生关系呢？当然，这对教师来说也是一种挑战。

记得有一次，在布置学生小组自读课文（reading by themselves），然后当堂抽查个人朗读课文（reading aloud in class）时，我发现有一名男生（成绩较差）在大声地与同组的另一名男生讲闲话。这时，我走到该学生旁边用手在他肩膀上轻拍了一下，然后轻声告诉他等下我会抽查他，接下来，这名男生很认真地与他的partner一起读了起来，还两次举手向我请教单词的读音。令我惊讶的是，该生还主动请求当堂朗读课文，虽然读起来结结巴巴，但我还是让全班同学送给他热烈的掌声以示鼓励。

三、推行互惠式教学，提高课堂教学的有效性

所谓互惠式教学，即组织学生以小组讨论的方式进行学习，学生在小组中为共同完成明确的任务进行互助性合作学习。教师则可以通过小组合作学习来培养和发展学生合作互助的精神，使学生真正成为学习的主人。在观摩一些公开课时，经常会看到一些教师把学生分成四人或六人一组围桌而坐，提出问题让学生分组进行讨论，学生全员参与，课堂学习气氛热烈，在展示环节，学生争先恐后地发言。当时的这种课堂气氛感染着在座的每一位教师。只是，课后我苦恼着：我们班近六十人，学生程度不一，这种方法可行吗？我实践着，摸索着。先由学生自由组合，再由教师适当进行调整优差搭配，将全班分成十个六人学习小组。在自学环节，让学生先学，互教互学，合作学习，让学生自己活动起来，去获得知识、去解决问题，把可以托付的教学目标托付给学生。学生在自己所在的小组里能扮演"专家"或"教师"的角色，与小组同伴共享学习资料，互相影响、互相信任，共同努力以实现小组目标。此时，可能也会有少数"捣乱分子"。教师在教学过程中充当监控者和咨询者，作用是巡视课堂，俯下身去为学生解难答疑，同时控制课堂、维持纪律，这也正是教师作为"白领"的管理者发挥作用的最好时机了。在接下来的展示环节，教师即可依据问题的难易程度，让不同层次的学生都能勇敢地展现自我。尤其给一些基础较差的学生展现的机会，使他们在课堂上获得学习成功的快乐与满足感，从而

激发他们的学习兴趣。这样，各种程度的学生都接受挑战，每个人的付出都得到认可。在活动构建中，学生能主动参与学习和讨论，能学会相互沟通和尊重，分享学习的快乐。这种教学模式能够在课堂上给师生之间提供更多互相交流和沟通的机会，真正实现提高课堂教学效果的目标。

我在让学生理解课文和教学知识点（language points）的时候，尝试采用这种教法，效果很不错。

例如，在完成课文的阅读理解（reading comprehension）任务后，我要求学生对整篇课文的句子进行理解。如果采用由教师在课堂上一句一句翻译的方法的话，虽然费时少但是学生会感到枯燥乏味，而且有的学生不一定跟得上。我组织学生进行互惠式学习，让学生在学习小组的合作学习中解决自己的问题，最后留几分钟时间进行学生提问，教师解答。这样，绝大部分学生都能主动参与发现和解决问题，学生与学生之间、学生与教师之间的关系也融洽，教学效果远远超过传统的说教方式。

在知识点（language points）学习环节，以前教师常常用宣布的办法把知识教给学生，犹如给学生一大把鲜花（知识点），虽然条理分明，色彩鲜艳，却忽视了"培根"。这其实是舍本逐末：什么都注意到了，就是没有注意到根源问题。色彩艳丽却没有根的花没几天就枯萎了。教师的使命不在于"送花"，而在于"培根"，这也是我们进行生本教育的关键所在。考虑到很多学生只会记短语和句型，被动地欣赏"鲜花"，而不会运用，没有"植根"，我一改传统的由教师讲解、举例，再由学生造句的教学程序，而变成先由学生在学习小组中自编例句、自行拓展知识，再由小组呈现自学成果，最后才由教师根据学生的例句和拓展知识的情况来进行分析，好的予以充分肯定，不足之处予以修正。虽然课堂用时较多，但是学生学习的主动性、积极性和创造性被充分调动起来，同时把知识之根扎到了学生的心灵里，也就达到了提高课堂教学效果的目的。

作为教师，我们应该认真学习生本教育的真谛，充分尊重和信任学生，把课堂时间还给学生，解放自己，还学生一个主动学习的空间，从而大大提高课堂教学效果。

📇 参考文献

［1］皮连生.学与教的心理学［M］.上海：华东师范大学出版社，1996.

［2］郭思乐.教育走向生本［M］.北京：人民教育出版社，2012.

［3］刘金梅.论合作学习与外语学习者的积极情感［J］.中小学外语教学与研究，2003（9）.

［4］刘炜.大班型英语教学的特点与策略［J］.中小学外语教学与研究，2003（12）.

［5］朱媛.构建从"文本"走向"人本"的英语教学［J］.中小学外语教学与研究，2004（6）.

［6］郭思乐.谛听教育的春天［M］.安徽：安徽教育出版社，2008.

本真教育，素养课堂

高考英语基础写作课堂指导与训练

从2007年开始，高考英语广东卷写作题由基础写作（满分15分）和读写任务（满分25分）两部分组成。基础写作题目的评分标准是句子结构准确、信息内容完整、篇章结构连贯，目的是检测考生最基础的书面语言表达能力，如用词的合理性、句子结构的复杂度、语法运用的正确性、信息内容的完整性、句子之间的连贯性等。

基础写作题与2007年以前的书面表达仍然会有很多相似点，但也会出现一些新的特点。2007年以前是规定词数（100词左右），对句子的数量不做规定。从2007年开始，基础写作只能用五句话来表达题目所给的全部信息点，但所给的信息点与2007年以前的书面表达相比并不会减少，所以，如果只用五个简单句式就很难完成任务，必须使用复合句或并列句来综合多个信息点，而且还要注意句子之间的衔接性和语意上的连贯性。从这一点来说，相比以前的书面表达，基础写作题对考生运用语言能力的要求大大提高了。"基础写作"的试题呈现形式与2007年以前的书面表达一样，也是多种多样的，通常包括提纲式（如2008年的广东高考题）、图表式（如2007年的广东高考题）等，要求考生根据规定的写作内容，写一篇英语短文，字数不限，但只能使用五个句子表达规定的全部内容。试题提供的写作材料往往贴近学生的学习与生活（如2007年的"谁是你的偶像"调查情况；2009年的"我国中小学生近视问题"的采访情况），同时，又富有时代感（如2008年的"编写奥运会射击项目"的英语简介）。在写作文体的要求上，通常为记叙文、应用文和说明文，也可能是议论文。

2016年开始，广东省又采用全国Ⅰ卷（英语），写作部分分为短文改错（10分）和书面表达（25分）。书面表达要求与基础写作类似，但是不作句数的要求。近十几年，高考写作部分题型多次改变，但是"万变不离其宗"——学生的书面表达能力的培养。

目前，大部分高中学生对英语写作充满畏难情绪，可以说是"谈写色变"。他们在备考过程中暴露出来的问题有如下几种情况：有的学生审题不准确，其中包括对要点把握不全，短文中句子的时态和人称混乱；有的学生基本功不扎实，用词不当，固定短语和句型胡乱搭配；有的学生虽然能够比较准确地表达出全部内容，但是仍然得不到高分，主要原因是不会使用正确的过渡语句和不会恰当地运用高级句型（如强调句、倒装句、含有with复合结构的句子、there be开头的句子、以形式主语it开头的句子等）完成题目所要求的任务，不能使文章的句式变得更加丰富、行文更加流畅、中心和主旨更加突出；还有的学生可能由于平时没有养成良好的写作习惯，在作文中出现大量的诸如拼写、词形、漏写小品词、乱点标点等低级错误。

基于这些情况，我在高考备考过程中，专门安排高考英语基础写作课堂强化训练和指导。在课堂教学过程中坚持"以学生为主体，教师为主导，任务为基础，能力培养为主攻"的原则，自始至终让学生自我建构写作实践中的素材，从审题到完成后的检查环节完全由学生合作或独立完成。以下是我在高考备考过程中的一节基础写作课的教学设计（teaching design）。

一、呈现目标

教学"三维目标"：

知识目标：能掌握并熟练运用与话题有关的词汇和句型，能正确使用连接词联句成文。

能力目标：提高学生基础写作的能力。

情感目标：培养学生的主人翁责任感和团结合作精神。

二、直接引出并展示话题

2010年，亚运会在广州举行。假如你是亚运会的一名志愿者，请你根据下面的要点提示，用英语写一篇短文，向外国朋友介绍一下亚运会的举办城市：广州。

广州	广东省省会城市；中国第三大城市；别称：羊城、花城等；全市面积7434.4平方千米；人口1000多万
历史	是一座有2200多年历史的文化名城；是历史上海上丝绸之路的始发港
地理	珠江从市中心穿过，温暖多雨、光热充足
旅游	风光旖旎，旅游资源丰富

写作要求（广东卷）：

（1）必须使用五个句子表达全部内容。

（2）句子结构准确，信息内容完整，篇章结构连贯。

一节课只有45分钟，教学时，我坚持以课堂为基础（classroom-based），开门见山地直接进入话题，向学生展示写作材料。

我选择的上述材料是一个当时的热点话题（hot topic），具有时事性和现实性。我认为，这类话题能够诱发学生的写作兴趣，使其有话可写，有感而发。2010年亚运会在广州举行，我同时也乘此机会对学生进行主人翁责任感的教育。作为"广州后花园"的清远市的一名高三学生，我们可以为亚运会做些什么呢？

三、讨论写作步骤

组织学生小组合作学习，结合所给写作材料讨论这篇基础写作的写作步骤。

特级教师、教育部《课程标准（2017年版）》研制组核心成员刘兆义老师给英语教师提出建议：给学生一些问题，让他们去找答案；给学生一些权力，让他们去做选择；给学生一些时间，让他们自主思维；给学生一些空间，让他们自主发展。我在课堂教学中，坚持以学生为中心（learner-centered），以教学内容为基础（teaching content-based），以教师为主导（teacher-leading），引导学生自主学习。我认为，对刚升入高三的学生而言，系统地进行基础写作的训练虽然不算是"新鲜事"，但是不少学生仍然没有很好地掌握写作步骤，所以教师仍有必要对学生进行循序渐进的引导。我的做法是让学生通过讨论明白写作步骤，而我只是在教室巡视，帮助学生解决他们自己不能解决的问题。

四、点评和整理

利用实物投影展示两组学生的讨论成果，教师同时引导全班学生对基础写作的写作步骤进行点评和整理。

1. 审 题

（1）确定文体：说明文。

（2）确定基本时态：一般现在时。

（3）确定基本人称：第三人称。

2. 要点信息

（注意：基础写作要求写五个句子，每多一个或少一个句子要被扣掉1分。）

（1）广东省省会城市；中国第三大城市；别称：羊城、花城等。

（2）全市面积7434.4平方千米；人口1000多万。

（3）是一座有2200多年历史的文化名城，是历史上海上丝绸之路的始发港。

（4）珠江从市中心穿过，温暖多雨、光热充足。

（5）风光旖旎，旅游资源丰富。

（注：划线部分为关键词。）

3. 连词成句、连句成篇

运用合适的句式、句型把所表达出的信息点连成句子，并使用正确的过渡词连句成篇。

定语从句；同位语结构；with 结构；as well as/ also/ not only... but also...；with .../ because...；be rich in.../ be abundant in...

五、完成写作

学生开始在规定时间内独立完成写作任务，同时叫两名学生上黑板即时写。

课堂上进行限时写作训练是提高学生写作能力的好办法，可以让学生准确地把握写作时间。每次模拟考试时总会有不少学生由于书写问题而被扣分，所以我在课堂训练时，每次都会叫两名学生上黑板写，他们或是自愿上台或是由学生推举。限时做完后的讲评环节，即可引导全班一起从语言表达到书写等各方面进行讲评，讲评时非常方便，对好的表达和书写及时表扬，起到示范作用，而不足之处及时提醒改正。

六、评 分

向学生展示基础写作评分标准，组织学生进行小组内评分。

作文的批改和讲评是写作教学的一个重要环节。我认为，学生是教学的主体，学生之间应加强合作、互教互学。一方面，这能充分体现学生间的合作精神，发挥他们的集体智慧；另一方面，由于学生之间的了解更深刻，他们之间的相互交流往往能收到很好的效果，可以增加写作时的真实感，训练学生的语言意识和敏感性，通过动脑、动手纠正错误使学生对基础写作步骤印象更深，提高更快。

七、点 评

利用实物投影展示由各小组评选出来的"高分"作文，教师与全体同学一起对这些"高分"作文进行点评；讲评黑板上的学生习作；用课件向学生展示参考范文。

我在点评时，还引导学生拓展表达同一意思的不同英语短语和句型，指导他们学习同学的优秀习作和范文，帮助他们汲取精华。在课后，我还要这些学生把他们的习作用单行纸重新抄一遍，贴在教室里专为英语科而设的作品展示栏。

八、布置作业

布置学生根据本节课所学的写作步骤，课后独立地写一篇类似体裁的基础写作作文。

（写作材料略。）

为了强化当天所学内容，我要求学生课后独立完成作业而不再是小组合作学习。课后有几个平时英语成绩不太好，尤其怕写作文的男生找我聊天。其中有一个说："老师，原来写英语作文还真没有我想象中的那么可怕。我想我也可以写出像今天展示出来的那样的作文。"我听了非常高兴，趁热打铁，对他进行鼓励："肯定啦！下次我一定叫你上台展示。"

高中新课程倡导优化学生的英语学习方式，使他们通过观察、体验、探究等主动学习的方法，充分发挥自己的学习潜能，形成有效的学习策略，提高自主学习的能力。追本溯源，《课程标准（2017年版）》所提倡的学习方式的重要理论基础之一便是建构主义理论（constructivism），而我的这一节课也是坚持这一理论原则。

参考文献

［1］教育部.全日制义务教育普通高级中学英语课程标准（实验稿）［M］.北京：北京师范大学出版社，2001.

［2］刘道义.高中英语教材教法的继承与创新［J］.基础教育外语教学研究，2006（5）.

［3］赵群英.高中英语写作教学中需要注意的几个问题［J］.中小学英语教学与研究，2003（6）.

［4］陶大春.高中英语书面表达课堂训练、指导的实践与探索［J］.中小学英语教学与研究，2003（10）.

本真教育，素养课堂

巧用NCE，提高学生的听、说、读、写能力

一、运用NCE的背景

笔者所教高一年级的学生由于各种原因，英语基础很差，他们想表达的内容远远超出了他们的表达能力范围，也就是说，他们的听、说、读、写技能非常有限。相当一部分学生在使用北京师范大学出版社出版的普通高中课程标准实验教科书时，感到非常吃力：教科书中词汇量（vocabulary）太大，词汇复现率低；课文（texts）篇幅太长，有的课文内容生涩难懂，脱离学生生活或高于学生生活；练习（exercises）形式太冗杂，难度偏大，很难在课堂教学的单位时间内完成。有的学生在经过好几个课时学完一篇课文后，连流利地朗读课文（reading aloud）的任务也无法完成，掌握的词汇也是少得可怜。

那么，如何有效地利用课堂教学时间，采用能在尽可能短的时间内产生最佳效果的课堂教学方法呢？笔者对巧用NCE（《新概念英语》）教材，经常训练学生做精心设计的循序渐进的听、说、读、写练习进行了尝试。

笔者在有限的教学时间内，在把握课程标准、教学目标、教材编写意图的基础上，以教材为载体，对教材内容进行适当的替换、调整、补充，选用适合学生、深受学生喜爱的NCE教材作为学生的补充教材，对学生进行听、说、读、写训练。

二、NCE教材的特点

NCE是一本让各位英语教师耳熟能详的，使学生有可能在英语的四项基本技能（听、说、读、写）方面最大限度发挥自己的潜能的经典教材。与北京师范大学出版社出版（以下简称北师大版）或其他版本的教材相比，它的每一

篇课文都是能让学生读起来饶有兴趣的、短小精悍的故事（story），能引人入胜，更能使学生感到愉悦，从而吸引他们的注意力，有助于激发学生的学习兴趣。NCE的生词量不大，一般一篇课文（lesson）只有不到十个生词，基本可以做到即学即消（消化掌握）；教材中编写的听、说、读、写练习循序渐进，符合学生的实际学习情况。

三、对NCE教材的处理

笔者在使用NCE教材时，严格遵循以下授课顺序：听到的再说，说过的再读，读过的再写。但是，授课时并不是照搬它的所有教学流程，而是根据学生的实际情况，精心制作课件，设计各项听、说、读、写教学任务，使学生能够接受或易于接受。

1. 听力理解：回答问题、提出问题

听是英语听、说、读、写四项基本技能之一，是语言输入（input）环节，而语言的学习只有通过大量的输入才可能有输出（output）。历年各类考试中，听力是必考题型。从2004年开始，广东省英语科高考就开设了专门的口语考试，考试成绩作为高校录取的参考。口语考试的题型中就有一道题是角色扮演（role play），要求考生就所听到的内容，根据题目的提示，向考官（人机对话中的电脑）提出三个问题，然后回答考官提出的三个问题。2011年广东省高考英语科题型大改革后，虽然笔试部分取消了听力理解，但是仍设英语听说考试，角色扮演题型中的"三问五答"，即考生就所听到的内容提出三个问题、回答五个问题，这没有降低对学生的听力要求，并且将成绩计入高考英语科总分。因此，在整合教材备课时，笔者首先设计的是听答环节，要求学生听完一遍课文后，即回答一个听前提出的问题，为学生确立一个听力训练目标。通过给学生提出问题，让他们积极地、有目的地去听。

下面，笔者以Book 2: Lesson 14 Do you speak English?为例，展示听答环节的设计。首先要求学生听完课文后即回答：Did the young man speak English?然后要求学生听第二遍课文回答以下问题，并以此能把握课文大意（main idea）：

（1）When did the story take place?

（2）Where did the story take place?

（3）What happened to "I" on the way?

学生听完两遍课文回答问题后，要求学生根据教师的指引提出以下问题：

（1）Ask me if I gave the young man a lift.

（2）Ask me in which language I said good morning to him.

（3）Ask me if I knew French well.

（4）Ask me if we spoke during the whole journey.

以上指引（guidance）通过课件投影出来。学生回答时不是集体完成的，而是指定个别学生或学生举手回答以达到训练的目的。由于课文故事性强，学生易于听懂，学生参与的积极性比做普通高中课程标准实验教科书的听力练习高出很多，学生通过参与这种听说训练，更能享受到成功的喜悦。

2. 口语训练：模仿朗读、口头复述

朗读是眼、口、耳、脑并用，多种感官参与的一项智力活动，是英语课堂教学的重要环节，对学生理解课文、培养语感、提高口语表达能力起着重要作用。朗读教学旨在培养学生养成大声、大胆、大方的朗读习惯，提高学生自主朗读英语的能力，为他们的终身学习和发展打下良好的基础。现在，高考对口语的要求也越来越高。在2011年高考题型改革后，就专门设有听说考试模仿朗读和复述故事题型。因此，在课堂教学中，笔者尝试探究适合所教学生的朗读教学的方法。在课堂训练中，笔者在学生听过两遍课文以后，再让学生认真观看从网上下载的动漫视频，同时提醒学生在观看的过程中，在学案上用笔标出连读、升调、降调、重读等，并注意跟上speaker的语速、模仿speaker的语音和语调，观看完以后由学生来展示跟音朗读和静音配音。在班级中，让学生轮流大声朗读课文，教师可以看出英语基础不同的学生是否能够准确地读出自己所听过的英语。学生通过朗读向大脑输入大量的、足够的、可理解的语言材料，有了大量的、足够的、可理解的语言输入和积累，他们才能将语言知识融会贯通，从而形成语言规则，加速知识的内化过程，使语言的表达和写作能力得到提高。

由于班级学生较多，课堂上不可能让所有学生参与模仿朗读，小组合作学习即可发挥作用。教师可以让学习小组的组长（group leader）利用课余时间到教师处朗读过关，其余学生（group members）到组长处朗读过关即可，教师只要定期检查和表扬先进（最早全部组员完成任务的小组为先进）就可以了。

在模仿朗读结束以后，指导学生根据听力理解环节中的"问答问题"，以及展示出来的关键词复述课文。在经过多次听说训练后，大部分学生已经能够听完课文回答问题后把故事复述出来了。

3. 精读课文：获取信息、处理难点

经过听说训练后，学生对课文大意已有了初步了解，此时是进行获取细节信息和理解课文词句的时候。笔者根据高考英语科语法填空（rational cloze）题型把课文设计成一道语法填空短文，在命题时，一方面，考虑语法填空题的命题原则设计各个小题；另一方面，兼顾课文的重点、难点词句及语法知识。通过这一环节，学生不仅训练了语法填空题这一考试题型，也掌握了重点词句和涉及的语法知识，真可谓一举两得！以下是笔者仍然以Lesson 14 Do you speak English?为例的教学设计：

I had an 1 ＿＿＿＿ (amuse) experience last year. After I had left a small village in the south of France, I drove on to the next town. 2 ＿＿＿＿ the way, a young man waved to me. I 3 ＿＿＿＿ (stop) and he asked me for a lift. As soon 4 ＿＿＿＿ he had got into the car, I said good morning to him 5 ＿＿＿＿ French and he 6 ＿＿＿＿ (reply) in the same language. 7 ＿＿＿＿ from a few words, I do not know any French at all. 8 ＿＿＿＿ of us spoke during the journey. I had nearly reached the town, 9 ＿＿＿＿ the young man suddenly said, very slowly, "Do you speak English?" As I soon learnt, he was English 10 ＿＿＿＿ （he）!

4. 写作训练：摘要写作、复述课文

就对语言的整体掌握而言，"写"较之于"听""说""读"似乎更难达到教学目标要求，尤其是对语言要表达清楚的要求，更让教师在教学工作中感到为难。根据《普通高中英语课程标准（实验）》的要求，高考英语对考生写作能力的要求应达到英语八级写作技能目标，即能根据所读文章进行转述或写摘要；能根据文字及图表提供的信息写短文或报告；能写出语意连贯且结构完整的短文；叙述事情或表达观点和态度；能在写作中做到文体规范、语句通顺。而目前学生的写作技能与《课程标准（实验）》的要求相差甚远，学生的英语写作水平普遍较低，表达起来词不达意，句法知识不扎实，语法实际运用能力差，基本语法错误连篇。笔者在利用NCE设计写作训练时，首先要求学生进行摘要写作。摘要写作，即要求学生根据所提供的问题，从课文中获取信息，然后把这些信息句子运用正确的关联词连成一篇短文。这样，既可以训练

学生根据读过的课文进行造句的能力，又可以解决语言表达有困难的学生"努力寻找表达内容"的难题，还由于课文中有较多提示信息，可以让学生在写作中避免很多错误，从而使他们能享受到写作成功的乐趣。

《普通高中英语课程标准（实验）》中有一条"高考英语对考生写作能力的要求"是能根据所读课文进行转述。高考（广东卷）英语写作部分的第二部分读写任务（task writing）中也要求学生能用约三十个词概括所读短文内容的要点。笔者根据学生的实际情况布置他们课后对经过听、说、读训练的课文进行书面复述，以训练他们把握要点和准确表达的能力。在批改作业时，笔者尽可能挖掘学生习作中的亮点进行表扬和鼓励（哪怕是用了一个好词或一个好的句型，都能得到一颗星），认真记录学生们习作中出现的普遍和典型的错误，及时进行讲评和补漏，及时反馈信息（这是提高学生写作能力不可缺少的），并选出两三篇优秀习作在课堂上点评，也选出若干篇有词句、语法错误的典型习作当面指导学生修改后张贴出来。这样，既让学生增加写作的信心，又能形成"写作—思考—反馈—指导—提高能力"的良好循环。

四、运用NCE教材时遇到的问题

由于北师大教材安排的内容很多，尽管我们大胆地删减、替换和调整，课时仍然非常有限。一周能安排运用NCE教材的时间最多只有一节课，这显然影响了运用NCE教材作为补充教材的效果。我们能否更加大胆地增加运用NCE教材的课时，值得在教学实践中论证。

参考文献

［1］中华人民共和国教育部.全日制义务教育——普通高级中学中学英语课程标准（实验稿）［M］.北京：北京师范大学出版社，2001.

［2］程玉根.新课标下的英语朗读教学策略初探［J］.中小学英语教学与研究，2010（2）.

［3］张花园."高中英语写作初探"［J］.中小学教育，2011（3）.

［4］李晓，陈吉棠，李庆，等.高中英语课程实施与案例分析［M］.桂林：广西师范大学出版社，2007.

［5］路易·亚历山大，何其莘.朗文·外研社新概念英语2［M］.北京：外语教学与研究出版社，1997.

高中英语词汇有效教学探究

　　新的《课程标准（2017年版）》要求学生应掌握约3300个单词、360条短语和词组，与1993年颁布的英语教学大纲词汇要求相比较，总词汇量几乎增加了一倍。如何采取切实有效的手段来扩大学生的词汇量，是摆在每个中学英语教师面前的一个新课题，也是对传统英语词汇教学的一种挑战，更是对英语教师教学指导水平的一种考验。我们知道，词汇是语言的三大要素（语音、词汇、语法）之一，是语言的基本材料。如果没有词汇，任何语言都是不切实际的。词汇的重要性正如著名的语言学家David Wilkins（1972）指出的那样："要是没有语法，很多东西无法表达。要是没有词汇，什么东西也无法表达。（Without grammar very little can be conveyed; without vocabulary nothing can be conveyed.）"这就说明，语言学习离不开词汇学习。学生不仅要学习规定数量的单词，而且要掌握词汇的基本用法，否则，在英语学习中就会出现学生听不懂、读不懂、书面表达无话可写、短语搭配不当、拼写错误过多等诸多问题。很多高中学生学英语最感头痛的问题是英语单词和短语用法难记、易忘；很多高中学生记单词、短语时，只是拿着单词表来背，脱离句子，脱离语境，所以即使他们会写单词、短语，却不会在完形填空题、语法填空题和写作中正确运用。就高考而言，词汇是英语考试内容的基础中的基础，是顺利通过考试的关键中的关键，而掌握词汇的基本用法比记忆单词本身更重要。因此，为了打破英语词汇教与学的"瓶颈"，笔者结合教学实践对高中英语词汇有效教学进行了探究。

一、进行问卷调查，了解学生情况

　　笔者抽取所教高二年级的两个班共110名学生进行问卷调查（后附词汇学

习态度及方法的调查统计表），统计结果显示：71.8%的学生认为英语词汇不容易记和很难记，92.7%的同学很希望得到词汇学习策略的指导。在问到学生学习词汇的过程中，要求自己做到哪几点时，89%的学生要求自己掌握正确的读音拼写，50%的学生知道词汇的正确搭配形式，44.5%的学生会注意词性，33%的学生会结合课文例句记忆生词，而只有20%左右的学生记忆词汇时会联想它的近义词或反义词、注意与近义词之间的不同用法、根据构词法记忆，不到10%的学生会用所学新词造句加以巩固，对所学词汇进行分类归纳组织；在问到学习词汇采用的主要途径时，有60%的学生表示会记熟教材词汇表及老师上课拓展的词汇，而只有32.7%的学生会在课外阅读时进行一些词汇积累；在问到怎样巩固所学词汇时，有51.8%的学生表示只是及时复习当天所学词汇以应付老师的小测，只有27%的学生会及时复习当天所学并且反复复习以前所学词汇，11.8%的学生会主动学习，自制简易单词本，随时有意识地复习巩固所学词汇。

通过调查结果的显示，我们不难看出，大部分学生词汇学习态度及方法有待提高，他们学习英语还只停留在书本和课堂上，不会运用词汇学习策略来学习英语。

二、运用合理策略，设法战胜遗忘

在学习英语的过程中，很多学生都有遗忘单词的经历，也正是因为遗忘，使很多学生感到无奈与无助，甚至失去学习英语的兴趣。

1. 认知遗忘规律

笔者在教学实践中经常宽慰学生，在记忆英语单词的过程中，出现遗忘是正常的，并且让学生了解著名的艾宾浩斯（Ebbinghaus）遗忘规律：遗忘的进程是不均匀的，在刚识记后的短时间内，遗忘就开始发生，而且遗忘得快，以后遗忘发展的速度就变慢了。让学生认识到英语单词记忆率下降完全符合此遗忘规律，第二天的记忆率下降最明显。根据遗忘规律，复习所学单词一定要及时，要赶在大规模遗忘之前开始。所以，每学完新的单词，第二天必须进行词汇小测试，要求学生及时巩固复习。而每次的词汇小测试又涉及之前所学内容，提醒学生对所学内容进行反复复习从而巩固记忆。

2. 确保正确拼读，朗读人人过关

在教学实践中，我们常常发现对于英语词汇的学习，学生普遍具有畏难情

绪，感到学习效果不佳，今天背了的单词到第二天听写时就忘记了，或者每课过关的单词到单元过关时又忘记了。在批改学生的听写作业时，还经常发现不少学生每个单词都会写一点儿，但是不准确，要么错一两个字母，要么漏写一个字母，要么多写一个字母，形近词的拼写经常是张冠李戴。学生学习英语的兴趣和热情就在单词记忆与遗忘的"拉锯战"中慢慢地被冷却和消磨。

在与这些学生的交流过程中，笔者了解到他们大部分在记忆单词方法方面存在问题，有相当一部分学生记单词时仍要一个一个字母去拼读，不会根据音标发音、根据字母组合拼读记忆单词，所以，单词读不准也写不准。针对这种情况，笔者一方面对这些学生进行音标补课，教给学生相应的读音规则，坚持让学生运用初步掌握的读音规则来学习生词的发音，确保学生能够真正掌握单词的正确读音，让学生能够独立拼读单词，记忆单词的拼写形式，给学生提供自学的拐杖。同时，要求他们记单词时一定要摒弃以前的坏习惯，应该利用音标发音规则来拼读，并要求学生记单词时，养成边读边写的习惯。对学生的单词拼读学习效果采取在课堂上抽查和课后学习小组相互检查等方式来落实，确保所学单词人人朗读过关，走出词汇记忆的第一步。

3. 拓展词形词性（formation and part of speech）策略

很多教师在日常教学活动中检查学生词汇掌握情况的主要方式就是听写，要求学生写出单词和其中释义，而学生记单词也只是停留在词汇表中所列出的单词及释义，这样，学生所记词汇就非常有限。在英语词汇教学中，利用英语构词法教学，扩大学生的词汇量是一种非常有效的方法。根据词汇表中的一个单词，加上前缀（un-, in-, im-, dis-...）、后缀（-ness, -ment, -ion, al, ly ...）、同前缀、同后缀、与其他词合成等可以形成一个偌大的"蜘蛛网（spider net）"。比如，教学success（n.）时，可以拓展successful（adj.），successfully（adv.），succeed（v.），succeed in（v.phr.），unsuccessful（adj.），unsuccessfully（adv.），unhappy（adj.），unimportant（adj.），unnecessary（adj.）...同时也教会了学生掌握un-前缀的用法，学生在今后的阅读中即使遇到没有学过的单词，也能根据前缀准确地把握词汇的意义。

4. 联想近义反义（synonymy and antonymy）及一词多义（polysemy）策略

英语词汇学习涉及音、形、义、词法等各个方面，掌握一个英语单词所涉及的内容远远不止词汇表所列出的内容。根据Hammer（1991）的观点，要正确地理解和运用一个单词，除了应掌握它的拼写、发音及词义以外，还应了解这个单词的构词（formation）、习惯用语（idiom）、搭配（collocation）、词性（part of speech）、词法（word grammar），以及近义词和反义词等。只有对上述这些方面有了深入、全面的了解，才有可能正确地运用它。

笔者在词汇教学实践中，要求学生运用联想记忆法。在预习环节，要求学生先利用各种工具或手段把生词表中的词汇进行拓展，比如，它的近义词、反义词及它的多种词义。可以是查字典，可以是查以前的教材；可以独自完成，也可以三五人一组完成。第二天，学生分学习小组进行整理，然后各组展示他们的自学成果，在课堂上一起分享。拓展词汇最多的学习小组能够获得全班同学及老师的掌声及优秀学习小组加分奖励。学生在此活动中合作学习，分享成果，体验成功，兴趣大增，获益匪浅。更重要的是，词汇表中的十个单词或短语可能被拓展到二十个或者更多。久而久之，学生的词汇量大大增加。在英语学习中，我们还经常会遇到在不同的语境中一个单词或短语具有不同意思的情况。在教学实践中，笔者把常见的用法结合例句呈现出来。例如，在北师大版 Book 5 Unit 1 3 Lesson 4 First impressions 中出现 I picked up my books, glared at her and whispered angrily…笔者就设计一个要求学生选出与课文例句 pick up 意思相同的句子，给学生拓展它的其他语义语境：

（1）Her health soon picked up after a few days' rest.

（2）We'll pick up where we finished yesterday.

（3）I'll pick you up at seven o'clock.

（4）He picked up the girl at a college disco.

（5）It's time for me to pick up my son. （Book 1 Unit 1 Lesson 1）

（6）In the end, a boat picked me up. （Book 3 Unit 7 Lesson 4）

（7）The equipment picked up the signal from the satellite.

（8）She soon picked up French when she went to live in France.

5. 分类归纳组织策略

研究表明，分类归纳符合人们的认知规律。根据一定的标准对单词进行合理的、有序的分类归纳组织，形成一定的组块，能够促进和加深对词汇的理解，使得学习和记忆变得更加容易。分类组织学习和记忆是一个有科学依据支持的有效策略。

笔者在词汇教学实践中，除了教学生联想近义词、反义词外，还经常指导学生对词汇表中的词汇进行联想拓展、分类整理。比如，在教学北师大版 Book 5 Unit 1 3 Lesson 2的词汇时，词汇表中出现了peach, pineapple, biology, conductor, athletic, independent等词，笔者要求学生按照水果、学科、人物、描述性形容词等进行分类归纳，这样，既可以帮助学生学新知又可以促使学生温旧知。

6. 语境（context）教学词汇策略

离开了语境，词汇所表达的意义就比较难以确定，因此教师在日常的词汇教学中，除了对英语单词进行听写、汉译英、英译汉、拓展词形词性、分类归纳整理等以外，最重要的是，要给学生创造各种运用词汇的机会，设计多种多样的口头或书面的"产出型"（productive）词汇练习。如用词造句，根据所给单词的正确形式或汉语提示完成句子，以及结合所学词汇按照高考题型编写完形填空短文、语法填空短文、基础写作材料等，有意识地让学生运用刚学过的词汇，一方面使学生巩固这些词汇在大脑中的记忆，另一方面也深化了对这些词汇的意义和用法的理解。把词汇放在句子或短文语境中进行教学，从而达到词汇学习的终极目标——学会运用。

笔者在词汇教学实践中依托教材，将一课的目标词汇在课文中的语境整理成单句练习：将目标词汇挖空，只给出目标词汇的词根或中文释义。在学完一课后，以小测的形式检测学生掌握的情况。例如，In fact, ____ you ____ have the most important role to play in stopping Yellow River erosion.（北师大版Book 4 Unit 10 Lesson 3 Your Money. 参考答案：it is; who）这样既有利于学生熟悉教材语言材料、巩固和深化对教材语言材料的理解，又能提高学生正确使用语言的能力。而且这样的练习与课本有关，都可以在课本中找到答案，适合于各种英语基础程度的学生。笔者还把每一课的练习电子文档收集起来，编成了一套电子的校本课程供下一届师生使用，达到资源共享的目的。

除了利用教材语言材料外，笔者在教学实践中还充分利用学生使用的教辅资料——《英语周报》，帮助学生巩固所学词汇和扩大词汇量。因为《英语周报》中的完形填空、语法填空、阅读理解短文中会呈现大量刚刚学过的课本词汇和句型。学生完成阅读训练后，笔者要求学生把短文中出现的课本词汇和句型摘抄到专门的词汇、句型积累本上。这样，学生能够结合具体短文语境更好地巩固新学的知识，学会运用词汇。

还有一点，笔者坚信，无论是课文句子的呈现还是课外阅读，都能让学生增多接触词汇的机会，从不同的语言环境中观察、接触单词，词汇阅读多了，自然就熟了。

三、采取多种方式，检查学习效果

检查是督促学生复习单词、落实单词记忆的好方法。

1. 词汇听写

利用课前几分钟时间，由教师读出英语单词或短语，学生根据所听写出单词或短语，并且写出词性和释义。这样既可以检查学生单词拼写情况，又可以训练学生的听辨能力。

2. 词汇小测

利用PPT投出词汇表中的词汇，要求学生按要求写出拓展的相关词形、近义词、反义词及其词义。这样，学生上课必须认真听讲并且做好笔记，课后才有资料进行巩固复习，大大提高了课堂教学效果。

3. 单句小测

要求学生在学完课文后认真朗读课文，记熟课文中的句子及句型。

4. 综合小测

课前10分钟，利用PPT投出自行设计的完成句子练习，创设词汇运用的真实语境，将单词拼写、词形、短语等的应用渗透到句子中，检查学生词汇运用的情况。

5. 学习小组人人过关

全班分成六个学习小组，按成绩好、中、差搭配。由各组组长组织、各组员统一时间到组长处朗读听写过关或组员自定时间到组长处朗读听写过关，各组组长到科代表处朗读听写过关，科代表到老师处朗读听写过关。在老师规定的时间内，所有组员完成朗读听写任务的小组可以获得"优秀学习小组"的奖状和小小纪念品。

学习英语的主要用途之一是获取信息和处理信息。谁的英语词汇量大、词汇掌握得好，谁的英语综合运用能力就强。词汇学习是一项长期的、艰苦的学习任务，是一项贯穿英语学习始终的学习任务。因此，我们中学英语教学工作者应根据学生的实际情况，根据自己的教学实践，创造出更多的教学词汇的有效方法，帮助学生化解词汇学习的难度。

附：词汇学习态度及方法的调查统计表（问卷）——引用

问项	选择项	选项（√）
你认为英语词汇容易记忆吗？	A.容易	
	B.不容易	
	C.很难	
在词汇学习中你希望得到词汇学习策略的指导吗？	A.是	
	B.无所谓	
你识记一个单词时，要求自己做到哪几点？	A.识记新单词时，读课文例句并注意不同词义	
	B.把它与相应的实物联系起来	
	C.正确的读音拼写	
	D.知道它的正确搭配形式	
	E.联想它的近义词、反义词	
	F.注意它与近义词之间的不同用法	
	G.能学以致用于听说训练与写作中	
	H.注意词的构成并联想它加前缀、后缀的新词	
	I.注意它的词性	
	J.用所学新词造句来巩固	
	K.对所学单词进行分类归纳组织	
你学习词汇的主要途径是什么？	A.教材词汇表	
	B.教材词汇表+老师拓展的词汇	
	C.教材词汇表+老师拓展的词汇+课外阅读积累	
你是怎样巩固所学英语词汇的？	A.及时复习当天所学词汇以应付老师的小测	
	B.及时复习当天所学并且反复复习以前所学内容	
	C.自制简易单词本随时有意识地复习	
	D.通过阅读，多次接触并且摘录积累来巩固记忆	
你是怎么处理阅读时遇到的生词的？	A.上下文猜测	
	B.每词必查字典	
	C.不管，胡乱选一个答案	

本真教育，素养课堂

词汇学习态度及方法的调查统计表（答卷）

问项	选择项	百分率%
你认为英语词汇容易记忆吗?	A.容易	28.2
	B.不容易	60.9
	C.很难	10.9
在词汇学习中，你希望得到词汇学习策略的指导吗?	A.是	90.9
	B.无所谓	7.2
你识记一个单词时，要求自己做到哪几点?	A.识记新单词时，读课文例句并注意不同词义	33
	B.把它与相应的实物联系起来	27
	C.正确的读音拼写	89
	D.知道它的正确搭配形式	50
	E.联想它的近义词、反义词	17.2
	F.注意它与近义词之间的不同用法	17.2
	G.能学以致用于听说训练与写作中	27
	H.注意词的构成并联想它加前缀、后缀的新词	24.5
	I.注意它的词性	44.5
	J.用所学新词造句来巩固	8.2
	K.对所学单词进行分类归纳组织	9.1
你学习词汇的主要途径是什么?	A.教材词汇表	37.3
	B.教材词汇表+老师拓展的词汇	60
	C.教材词汇表+老师拓展的词汇+课外阅读积累	32.7
你是怎样巩固所学英语词汇的?	A.及时复习当天所学词汇以应付老师的小测	51.8
	B.及时复习当天所学并且反复复习以前所学	27
	C.自制简易单词本随时有意识地复习	11.8
	D.通过阅读，多次接触并且摘录积累来巩固记忆	36.4
你是怎么处理阅读时遇到的生词的?	A.上下文猜测	59.1
	B.每词必查字典	47.3
	C.不管，胡乱选一个答案	13.6

参考文献

[1] 陈勇.新课程有效教学疑难问题操作性解读［M］.北京：教育科学出版社，2008.

[2] 吕良环.指导学生对英语词汇学习形成合理的认识［J］.中小学英语教学与研究，2010（8）.

[3] 吴伯兰.多角度开展高中英语词汇教学［J］.中小学英语教学与研究，2010（7）.

[4] 戴军熔，华叶婷.高中学生英语词汇学习的现状分析与教法研究［J］.中小学英语教学与研究，2003（6）.

[5] 郑巧.初中英语词汇教学策略［J］.中小学英语教学与研究，2004（9）.

本真教育，素养课堂

把时间交给学生，让学生自主学习

　　英语写作是一种单向的交际方式，通过文字表达思想、传递信息，是语言能力的集中体现。目前，从小学到初中，英语教学主要注重的是口语，导致学生会说不会写。学生升入高中后，新课程、新高考对英语写作的要求大大提高，学生会说不会写的问题更显严重。大部分高中学生对英语写作充满畏惧感，可以说是"谈写色变"。他们在进行英语写作时往往错误百出，经常出现"中式"英语，或者出现在句子结构上的差错、惯用法的错误、用语不准确等问题；有的学生可能由于平时没有养成良好的写作习惯，在写作中出现大量的诸如拼写、词形、漏写小品词、乱点标点等低级错误。怎样在日常英语课堂教学中培养学生的交际能力，尤其是书面表达能力，一直是英语教师们比较头痛的问题。那么，如何利用英语教学来加速提高学生的写作能力呢？

　　我在高中英语写作课堂教学中坚持"以学生为主体，教师为主导，任务为基础，能力培养为主攻"的原则，自始至终让学生自我建构写作实践中的素材，把课堂时间交给学生，从审题到写作完成后的检查环节完全由小组合作或独立完成。以下是我在教学实践中的一节课堂英语写作训练的教学案例。

　　英语写作使学生感到头痛。但是我想，最主要的是要打消他们的畏惧感，消除他们的焦躁心理，激发他们的写作兴趣，让他们有写作的欲望。于是，我选择他们都很熟悉的写作材料，来诱发他们的写作兴趣。

　　互致问候以后，我用英语引出话题："我们清远市获得了'优秀旅游城市'的称号，优美的风景吸引了越来越多的游客。正值清远市建市30周年之际，作为一名清远学生，我们该如何向外国游客介绍我们的家乡呢？"看到很多学生已开始和同桌进行交流，我乘机说："那我们来进行一个角色扮演，当一回导游吧！"

接着，我便用课件向学生展示书面表达的话题：

假设你是校学生会主席李华，在2月28日建市30周年活动中，带领来自英国某中学的学生代表团参观纪念活动展并向来宾介绍清远的情况。

这时，看到课件投出的内容，学生们发出一片唏嘘声。有大胆的男生甚至抱怨说："Miss Hu，这太难了吧！很多生单词我们根本不会写。"看来部分学生开始产生了畏难情绪，有的学生开始出现焦躁心理。

面对课堂上出现的这种情况，我没有急着布置学生马上开始写，而是组织学生按照学习小组结合所给的写作材料先讨论写作步骤。我想，如果我用课件一股脑儿地把步骤展示出来，叫学生抄下背熟，他们可能更加头痛了。我认为，通过小组合作学习，学生个人承受的压力和难度应该会减小，他们的焦躁心理应该也会减轻。况且学生不应该是被动地接受知识的容器，而应该是积极的参与者和学习者。我还记得在一本杂志上看到过刘兆义老师给英语教师提出的建议：给学生一些问题，让他们去找答案；给学生一些权力，让他们去做选择；给学生一些时间，让他们自主思维；给学生一些空间，让他们自主发展。于是，我试图让学生通过讨论来使他们自己弄明白写作步骤，而我只是在教室里巡视，并不时地俯下身去帮助学生解决他们自己不能解决的问题。我还特别关注刚才抱怨过的那名男生，发现他与同伴讨论得可热烈了！

10分钟左右过去了，我看到很多小组已经讨论完毕，便叫了两个组的学生代表，利用实物投影来展示他们的讨论"成果"，同时引导全班对他们的"成果"进行点评和整理。这时，我高兴地看到点评的学生对展示的讨论"成果"点评得头头是道，竟与被点评的那组学生发生了激烈的"争执"！我一直微笑地看着他们，这正是我所要的学习效果！

"争执"在我的调停下总算告一段落，"吵吵闹闹"的课堂总算安静下来。我又开始引发第二场"无声的战争"：学生在规定时间内独立完成写作任务，同时我还叫了两名学生在黑板上写。我特意叫了一名平时英语成绩较好的女生（自己举手）和一名英语成绩不太好的男生（没有举手）。

10分钟又过去了。第三场"点评战争"开始了，我看到学生们争先恐后地举手要求对黑板上的作文进行点评。开始我还担心会没有人愿意上台点评呢！这时，我心里别提有多高兴了。我微笑着叫了一开始抱怨的那名男生，没想到他对黑板上的作文从语言表达到书写等各方面进行了详细的点评，就连一个使用错误的标点符号都被他给"揪"了出来。我赶紧表扬他："你的点评非常全面，而且非常细心。我们可要向你学习哦！"

看来叫学生上黑板"现场"写作、"现场"点评的办法真不错，学生能踊跃参加，讲评作文时又非常方便，对表达和书写好的学生还能及时给予表扬，在全班起到示范作用，而对有不足之处的学生又可以及时提醒及时改正。今后的书面表达训练上我一定要常用。

"三战"未平息，"四战"又起。这时，我向学生展示书面表达的评分标准，组织学生以小组为单位进行组内评分。

作文的讲评和批改是写作教学的一个重要环节。我认为学生是教学的主体，学生之间应加强合作、互教互学。一方面，这能充分体现学生间的合作精神，发挥他们的集体智慧。另一方面，由于学生之间的了解更深刻，他们之间的相互交流往往能收到很好的效果，可以增加写作时的真实感，训练语言意识和敏感性，通过动脑、动手纠正错误而印象更深，提高更快。我又给他们10分钟时间，叫他们对照评分标准给组员打分。教室里顿时又热闹起来，而我又在教室里充当起了巡视员。

"时间到！"随着"裁判"的一声指令，学生们渐渐安静下来。"请把你们组的最高分作文展示出来！"于是，各组代表又利用实物投影展示他们自己选出来的"高分"作文，我与全体同学一起对这些"高分"作文进行点评。我在点评时，还引导学生拓展表达同一意思的不同英语短语和句型，指导他们学习同学的优秀习作，帮助他们汲取其中精华。

45分钟的课在热热闹闹的"四次战争"中很快结束了。"老师，你还没有给我们参考范文呢。"有的学生还记得参考范文！"不用了，刚才展示的作文经过你们修改后都是范文了。你们如果要抄，就找他们吧！"

在课后，我布置"高分"作文的学生把他们的习作用单行纸重新抄一遍，贴在教室专为英语科而设的作品展示栏里，供其他学生参考，我想，对这些学生来说也是一种荣誉。

为了强化当天所学内容，我布置学生课后独立完成一篇类似体裁的书面作文。课后有几个平时英语成绩不太好，尤其怕写作文的男生找我聊天。其中有一个说："老师，原来写英语作文还真没有我想象中的那么可怕。我想我应该也可以写出像今天展示出来的那样的作文。"我听了非常高兴，趁热打铁，对他进行鼓励:"肯定啦! 下次我一定叫你上台展示你写的作文。"

【课后反思】

以学生为中心,强调学生对知识的主动探索、主动发现和对所学知识意义的主动建构(而不是像传统教学那样,只是把知识从教师的头脑中传送到学生的笔记本上),这是建构主义理论核心内容的概括。我把本节课的重点放在对学生的写作过程的指导上,强调在学生写作过程中帮助和引导他们发现、分析和解决问题。这一节课,我用建构主义理论来指导我的教学设计,采用的是建构主义学习设计(constructivist learning design,即CLD),整堂课的学习活动围绕情境(清远建市30周年活动,需向外国人介绍家乡清远)、小组(学习小组合作讨论写作步骤、讨论评分等)、桥梁(旧知)、任务(讨论、点评等)、展示(在黑板上写作、小组展示"最高"分作文等)、反思(点评、评分)等CLD的六个基本组成部分而开展的。我在整个课堂教学中坚持以生为本,集"导演者""参与者"和"监督者"于一身,引导和帮助学生在教学活动中共同学习、共同促进、共同提高,学生进行深入的学习,课堂呈现出一种信任和分享的氛围。这与高中新课程倡导的优化学生的英语学习方式,使他们通过观察、体验、探究等主动学习的方法,充分发挥自己的学习潜能,形成有效的学习策略,提高自主学习的能力是一致的。要提高学生的英语写作水平,不是一两节课就能解决的,它需要长时间的学习和训练,但好的方法往往可以收到事半功倍的效果,但愿我的这种英语写作训练方法能够收到如此效果!

优化学生学习状态，提高学生学习兴趣

在多年的教育教学理论研究和教育教学实践中，笔者深深地感到要想成为一名优秀教师，仅有扎实的专业理论水平和专业基本技能还远远不够，还必须掌握教育的艺术——教学方法和教学策略，尤其是教学策略，它是保证教学顺利进行，采取相应教学方法的航标，也是优秀教师必须具备的能力。笔者结合多年的教学实践在此探讨高中英语教师在课堂教学实践中如何运用教学策略和方法——优化学生学习状态（包括学生的学习情绪、心理状态、学习需求和学习兴趣），提高学生的学习兴趣，从而提高课堂教学的有效性。

一、调动学生的积极情绪，提高学生的学习效率

国家《课程标准（2017年版）》指出，基础教育阶段英语课程的总目标是培养学生的综合语言运用能力。综合语言运用能力的形成建立在学生语言技能、语言知识、情感态度、学习策略和文化意识等素养整体发展的基础上。新课程首次把情感态度列为英语课程的重要内容之一，体现了"以人为本，以学生的发展为根本"的人文主义观念。可见，研究情感策略和关注学生情感态度的发展，已经成为目前英语教学改革的重要内容。

美国著名应用语言学家克拉申（Krashen）在他的"情感过滤说"（the Affective Filter Hypothesis）中对情感和语言学习的关系进行了形象的阐述：当学生拥有了积极的情感，如强烈的学习动机、浓厚的学习兴趣、很强的自信心、坚强的意志、大胆实践的精神等，输入的语言大部分就会被内化和吸收；反之，当学生出现焦虑、烦躁、紧张、胆怯或厌倦等消极情绪时，人脑的语言习得机制就会对语言材料进行情感过滤。学生的消极情绪越重，情绪过滤的量就越大，语言的输入效率就越低。因此，教师要帮助学生克服情感态度方面的

困难，使语言学习中的成功体验与情感态度的发展相互促进。如何在英语教学中有效地调动学生积极进取的情绪，调节消极情绪，并充分发挥良好学习情绪的作用，提高学生的学习效率，是英语教师必须解决的问题。

我们有时候会遇到这种情况，在自认为精心设计的一节课上却遭遇学生学习情绪的冰点。尽管想方设法使教学内容生动有趣，并努力改进教学方法，还是难以使学生保持学习的热情；少数学生（普通班更多）甚至丝毫没有学习兴趣，他们根本不愿意尝试任何学习任务，对教师的各种激励都不以为意。对此，不少教师（也包括笔者）往往将原因归咎于学生缺乏求知欲和意志力。课后反思一下才明白，可能我们是忽略了学生的学习动机或其他因素的影响。比如，有的学生不愿意记单词或语法规则，可能是由于屡遭记忆或学习失败的经历而不愿在记忆或学习活动中再次投入精力；有的学生对语言学习毫无热情，或许是由于从未体验过语言学习带来的乐趣或从未感受过语言学习成功的喜悦；又可能是教师设计的教学任务难度太大，学生一看到要完成的tasks无法单独完成，马上就产生了紧张、畏难甚至是恐慌的情绪，对学习完全没有激情。面对这种情况，教师应该注意观察学生的反应，探究学生为什么会形成这样的态度，尽早采取积极的措施以消除学生的不良情绪。如果发现学习任务太难，可以考虑把独立完成改为合作学习，这样，学生个人承受的学习压力会减小，畏学心理也会减轻；也可以在要求学生自己解决问题之前，给予学生适当的指导以降低学习任务的难度；另外，教师鼓励的语气、微笑的面容、欣赏的目光等，都有助于形成良好的课堂氛围，帮助学生调动学习的积极情绪，调节不良情绪。

二、关注不同层次学生的心理状态，加深学生对英语学习的内心体验

根据学生的特点，在课堂教学中使不同层次学生的学习心理维持良好的状态，这对学生运用自己已有的智力从事学习活动，有效地接受课堂上教师所授内容具有重要影响。

由于学生的个性和认知能力的差异，在学习过程中，学生的学习成绩会出现分化。那么，教师在课堂教学实践中，应该设计适合不同层次学生的教学任务，在课堂提问时，有意识地安排不同学习层次的学生回答难度不同的问题，让所有学生都有机会体验成功的喜悦，激起他们学习英语的兴趣，从而有效地

促进他们智力因素和非智力因素的发展。

在平时的听课活动中我们会发现一种现象，教师在提问以后，目光不会满课室巡视，而是锁定在一些"目标生"身上，所以有的学生一节课下来有几次表现机会，而有的学生尤其是后排的学生只能是充当"陪上课"的角色而无机会展示自己，久而久之，他们的头便会垂得越来越低。笔者认为，在"提问谁"的问题上，教师应该根据所设问题的难易程度提问不同层次的学生，而不是看谁的手举得高就叫谁。有时候，我们偏偏要叫那些不举手而估计他们能答出来的学生，最后还要不忘表扬几句，给他们提供表现自我的机会。

教师的教学手段是维持学生最佳心理状态的一种技术。如果教师在教学时采用多种形式的直观教学方式，创设一定的学习情境，刺激学生接受知识的多种感官，将抽象的内容化解为直观可感知的东西，就能使各层次的学生在接受知识的过程中都能感受到获取知识的轻松和愉快。

在英语课堂教学中，教师应该结合教学内容，有目的地采用实物、图片、录像、PPT和多媒体手段来创设生动具体的语言环境，或者设计表演情景，引起学生的体验，让学生在轻松的表演中接受抽象、复杂的英语现象。教师如果一味地运用诸如句型操练、回答问题等旨在训练语言形式的练习或活动，就会使本来真实的语言材料变得不真实。这样，语言形式凌驾于语言意义之上，其语言材料的价值就不能得到充分利用。相反，如果教师设计一些能贴近学生现实生活的活动和教学任务，就赋予了它语用的真实性。

笔者在教"现在分词和过去分词"时，为了让学生明白"现在分词表主动和过去分词表被动"时，设计了这样的短句表演情境：

情境一：两个学生从教室外搀扶着走进教室。

句型展示：

A walks into the classroom, _____ (support) by B.

答案：supported

B walks into the classroom, _____ (support) A.

答案：supporting

情境二：下课了，老师先走出教室，学生跟着出教室。

句型展示：

Class was over and the teacher went out of the classroom, _____ (follow) by his students.

答案：followed

情境三：下课了，学生先走出教室，老师跟着出教室。

句型展示：

Class was over and the teacher went out of the classroom, _____ (follow) his students.

答案：following

情境四：学生表演，四人小组自创情境。

全班学生都可以参与课堂活动，学生们在看似闹哄哄的表演中加深了对现在分词和过去分词用法这一英语现象的内心体验，同时，有助于学生在接下来的课堂教学环节维持最佳学习的心理状态。

三、拓展学生的学习需求，培养学生的自学能力

拓展学生对英语学科的学习需求是《课程标准（2017年版）》对英语教学的一项要求。特级教师、教育部《课程标准（2017年版）》研制组核心成员刘兆义在一次教学能手赛点评中给参赛的教师提出一些建议：给学生一些问题，让他们去找答案；给学生一些权力，让他们去做选择；给学生一些时间，让他们自己思维；给学生一些空间，让他们自主发展。那么，英语教师该如何拓展学生对英语学科的学习需求呢？

笔者在教学实践中经常会结合课本涉及的单元话题，给学生拓展与话题相关的useful expressions, idioms, famous sayings等。比如，在教北师大版Unit 17 Laughter时，笔者课前先布置学生上网搜索与laughter有关的useful expressions, idioms, famous sayings。在第一节课的引入环节，学生在黑板上展示自己与合作学习小组组员讨论交流后的成果，教师再补充学生没有展示的内容。

Word forms:

laugh, laughing, laughter

Idioms:

burst into laughter, burst out laughing, rocked with laughter, in laughter, peals of laughter, not an occasion for laughter, die of laughter, can't restrain laughter

Famous sayings:

Laughter is the best medicine.

Laughter and strength are twins.

Laughter is the root of all evil.

Laughter is really a sad time.

这样，学生通过自主学习获得知识的过程，远比教师一股脑儿展示出来要求学生去背而获得知识的过程要丰富多彩得多。这样的学习任务，学生都非常乐意去完成，也培养了他们获取知识的能力。

另外，还有一种拓展学生学习需求的策略也是非常有效的，那就是组织学生参加各种英语课外活动。比如，组织学生观看英语电影，组织学生进行才艺表演，举办英语手抄报比赛，用英语介绍西方的风土人情、名胜古迹、教育制度、饮食文化、传统节日等。通过丰富多彩的课外活动，积极营造英语学习氛围，同时，学生在准备这些活动的过程中，提高了自己的自学能力和对英语的理解和运用能力。

四、灵活导入新课，激发学生的学习积极性

导入是上好一节课的重要环节。为学生创设一个真实的情境是设计导入的基本出发点，而激发学生的学习兴趣与求知欲则是设计导入方法的根本目的。英语课堂教学导入的方法多种多样，教师应根据教材内容的特点和类型，结合所教学生的实际情况灵活有效地加以运用。只要教师能采用切实有效的英语课堂教学的导入方法，就能极大地提高课堂教学效果，让学生在轻松愉快的氛围中学好英语。

导入新课的技巧很多：利用日常生活中常见的实物导入新课，学生觉得直观、形象；通过形象、生动的简笔画导入新课（小学、初中经常可以采用），可以调动学生的注意力和想象力，促进学生积极思考问题；利用与本课话题有关的人物图片、人物简介、话题词汇、话题famous sayings、成语故事等，可以拓展学生的学习兴趣，激发学生的学习好奇心。

笔者所在学校黄宝仪老师在高三美术班，上的一节青年教师汇报课上，在引入环节设计了"Guess who is the teacher described."这一教学活动，让学生根据文字描述猜测所描述的是哪一位任课老师，学生猜完后出示该老师的生活照

片。这样的导入方式，既能让学生了解怎样介绍人物（本课的教学重点），又能吸引学生的注意力，消除学生因为有很多老师听课而产生的恐惧感、紧张情绪，课堂气氛一下子就被调动了起来。

五、巧妙运用例句，吸引学生的注意力

笔者认为，好的例句能够很容易地吸引学生的注意力，使学生快速、轻松地理解并掌握语境中的知识点。教师在安排教学内容时，要注意新旧知识的联系，把新知识纳入学生已有的知识体系，调动学生学习英语的兴趣。在高三一轮句型复习时，笔者经常设计一些既用本单元短语、句型，又用上单元或刚刚在训练题中出现过的短语、句型的练习，让学生以旧带新，重复记忆，从而加深对知识点的理解。笔者在设计例句时，还经常会选用一些思想教育性强，具有激励性、趣味性或者最近发生在学生周围的趣事或国内外大事的例子，寓教于乐，增强学生的自信心，消除学生的心理障碍，还可以让他们觉得英语离他们并不遥远，随时随地都可以学、可以用。

比如，在复习北师大版Unit 16 Stories中by the time, it is the first time ... , it occurs to me ... , figure out等句型时，笔者就设计了这样的翻译练习：

1. 妻子回来的时候，曾子已经把猪杀掉了。

By the time his wife came back, Mr.Zeng had already killed the pig for his promise.

（知识点重现：学生刚刚写过《曾子杀猪》的故事。）

2. 这是我第一次体验忙碌而紧张的高三生活。

It is the first time I have experienced a busy and stressful life of Senior Three.
是该我们保护环境的时候了。

It's time that we should protect our environment.

(It's time 句型刚在Unit 15中出现，环保话题结合社会公德。)

3. 我突然想到网上团购是一种不错的选择。

It occurs to me that group buying online is a good choice.

（网购是刚练习过的阅读话题，而且不少学生热衷于网购。）

4. 我不明白为什么有的人一遇到困难就想到放弃。

I don't figure out why there are some people who will think of giving up once they meet trouble. (激励学生要勇敢面对生活。)

在复习被动语态时，结合奥运会举办情况举了如下例句：

The Olympic Games have ever been held three times in London. (国内外大事)

在复习虚拟语气的句型时，结合2009年广东省英语高考试题中读写任务材料举出如下例句：

If I were an animal in the zoo, I would like visitors to take photos with me./ If I were the Koala, I would be very angry. (真题考点)

巧选英语例句是提高英语课堂教学效率的有效途径，许多生活中的例子都适合我们运用到课堂教学中去。

六、真实客观地评价学生，激发学生的学习积极性

在最近一次"同课异构"听课中，笔者遇到两位授课老师处理同一问题采用的截然不同的评价方式。

教学内容：北师大版Unit 12 Visiting Britain

教学环节：Lead-in

教学情境：

A老师：If you have a chance to go to one of the two universities (Cambridge and Oxford), which one will you choose? Oh, of course you are not good enough now. I say, suppose…

B老师：Now, I will show you the photos of two famous universities (Cambridge and Oxford). Do you find them beautiful? If you have a chance to go to one of them, which one would you like? Everything is possible. Work hard, and you may make your dream come true.

可以想象，学生在听到A老师的话以后，心里会产生怎样的情绪，学生还会饶有兴致地听课、积极地参与课堂活动吗？

笔者也遇到过有同行在叫一男生完成True or False的练习时这样评价学生：

I'm sorry your answer is not right. But I think you are brave enough to stand up in class. Besides, you can get the right sentence in the text. Think it over and I am sure you can tell if it is true of false.笔者非常欣赏同行的这种评价方式。

笔者认为，作为一名高中英语教师，在英语课堂教学中应鼓励、赞扬学

生，应对不同层次的学生在学习上的不同表现给予评价，这将直接影响学生学习英语的积极性和课堂要达到的效果。心理学研究表明，奖赏的教育作用明显优于惩罚，国内教育界近年来也充分肯定表扬在教育教学中的积极作用。

当然，教师在表扬学生时，也应该注意场合和把握分寸。在教学实践中，我们会遇到一些学生单纯为了获取老师的表扬而刻意取悦老师，还有的学生甚至认为自己在学习中有好的表现就是为了获取老师的表扬，这样大大削弱了学生的学习积极性。因此，教师在评价学生时，应以鼓励为主，让学生体验进步、成功带来的喜悦，培养学生的学习积极性。同时，教师又不能一味地表扬，而产生负面的作用。

总之，教师要尽可能让学生在愉快的环境中学习，注意教学内容的趣味性和教学方法的多样性，激发学生的好奇心和新鲜感，以提高学习的热情；同时帮助学生分析其学习失败的原因，循序渐进地增加学习的难度，尽量让每一个学生都有成功的情感体验。作为教育者，我们要做的事情是保护好学生的学习主动性，对学生进行感觉引导——我学习是为了我自己。深入挖掘学生学习的持久快感——充满发现的快感、克服困难的快感、释放潜能的快感。激发学生的想象力，使得学生的学习状态得到优化，学习兴趣持续提高，从而提高教学的有效性。

参考文献

［1］田玉霞.英语教学中情感策略的运用［J］.中小学英语教学与研究，2004（6）：13–14.

［2］马德容.对外语学习中情感因素的再认识［J］.中小学外语教学，2005（7）：3–4.

［3］俞红珍.谈外语教学中的"真实性"［J］.中小学英语教学与研究，2003（12）：15.

［4］莫幸华.谈高中英语课的导入［J］.中小学外语教学，2005（6）：21–24.

［5］陈勇.新课程有效教学疑难问题操作性解读［M］.北京：教育科学出版社，2008.

如何设计学生感兴趣的英语作业

新课程改革的核心是以学生的发展为本，培养学生的实践能力和创新能力。新课标的理念体现在教学工作的一个基本环节——作业布置方面，更重视学生的兴趣和需要，注重学生的个性发展，通过丰富多彩的作业，提高学生学习英语的兴趣和语言实践能力。把作业作为学生发展的平台，赋予学生自主作业的权利，为学生提供自我表现、自我反思的空间，为教师提供了解学生发展进程的途径。

教师布置作业的目的在于使学生进一步巩固和消化课堂所学的知识，并使知识转化为技能技巧。培养学生独立思考、独立学习的能力与习惯；培养学生对学习的责任心、主动性和创造性。因此，课外作业是扩大学生知识领域和培养学生自学能力与创造性的良好形式，也是检查教师教学效果的反馈环节。

笔者在教学实践中经常遇到一些教师为布置作业而布置作业，形式机械单一：为了让学生记忆深刻，要求学生抄写单词十遍甚至二十遍、抄写课文数遍。检查作业倒是很轻松，一个大钩、一个日期，两个班的作业很快可以批完。且不说学生抄写十遍二十遍有没有效果，这样的作业如何能激发学生的学习兴趣？如何培养学生的学习技能技巧？如何培养学生的各种能力？"尖子生"如何能"吃饱"？笔者也常听到有教师抱怨学生的作业答案雷同，而学生又抱怨教师布置的作业太多或太难，根本没有办法完成，为了应付检查，有些学生只好拿同学的作业或答案来抄。那么，这样的作业质量，教师如何了解学生掌握所学知识的情况和学习中存在的问题？如何检查教师的教学效果，发现教学中存在的问题呢？

笔者结合自己的教学实践，谈谈教师应该如何设计让学生感兴趣的英语作业。

笔者认为，教师在设计作业时，应该注意到作业的内容应该源于教材但不拘泥于教材；鼓励学生在实际生活中运用课堂上所学的知识；充分考虑每个学生的个人实际情况、能力和生活背景。

一、突出作业的趣味性，变"要我做"为"我要做"

新课标十分重视对学生情感态度价值观的培养，提倡学生能积极地参与教学活动。Tyler在他的文章中引用Dewey的话说："当学习是被迫的，不是从学习者真正的兴趣出发时，有效的学习相对来说是无效的。"笔者套用这句话为"当做作业是被迫的，不是从学习者真正的兴趣出发时，设计的有效的作业相对来说就是无效的。"这就要求教师在布置作业时，不要每天布置学生千篇一律地抄写单词、句型，做课本第几页的第几题，而是要尽量把作业的题型推陈出新，唤起学生的新奇感，并设计一些具有一定趣味性的习题，让学生一看到这样的作业就想做、乐做、爱做，以达到寓学于趣的目的。

笔者在处理北师大版Module 3 Unit 8 Lesson 1 Adventure Holidays的词汇时，不是布置学生抄写单词、短语，而是在课堂上利用课件展示每个学生都非常熟悉的《西游记》剧照并进行Oral practice，然后要求学生用课堂所学词汇adventure, hike, presenter, tiring, optional, organization, uncomfortable, maximum, differ, anxious, journey等及它们的正确形式完成短文（印发）：

Tang Sanzang and his four disciples were going on a 1 _____ to the west by going 2 _____ . They met with many 3 _____ on their way. Sandy was the 4 _____ . He was carrying their 5 _____ . Pigsy offered 6 _____ in Gao Laozhuang. Monkey King was the funniest and made their trip not so 7 _____ and 8 _____ .

答案：1. journey；　2. hiking；　　3. adventures；　4. porter；

　　5. luggage；　6. accomodation；　7.tiring；　　8.uncomfortable

二、突出作业的自主性，变"必须做"为"可选做"

教师在设计作业时，还应考虑学生的差异性。教师要精心选择习题，适当兼顾"尖子生"和"后进生"。笔者所教的两个班一个是实验班，一个是普通班，学生的知识水平和学习态度相差较大。即使同一个班的学生也存在这种差

本真教育，素养课堂

异。在设计作业时，笔者经常会准备难易程度不同的两套作业供学生选择，以兼顾不同层次学生的需要。那些学有余力的学生或对学习充满兴趣的学生完成一套作业（较难），另一部分学生完成另一套作业（较易），同时，也鼓励这一部分学生完成较难的作业。这样，既可以避免学习有困难的学生作业负担和心理负担过重，又可以保证优等生的学习兴趣，使其个性得到较好的培养，还能刺激一部分不服输的学生去完成较难的作业，从而达到鼓励学生"跳起来摘果"的目的。

现在，北师大版教材Workbook附有的练习题量大，覆盖面广，相对于学生来说有的偏易，有的偏难，而且大部分题型与高考题型差距较大，学生做起来感到厌烦。笔者在处理这些练习时，往往根据学生的基础和教学需要做恰当的取舍，合理整合，哪些题为"必做"题，哪些题为"选做"题。对于英语水平较高的学生，可以恰当地舍弃那些相对简单的、机械性的习题，而英语水平较低的学生则必须完成基础的题目。

三、突出作业的易解性，变"厌恶做"为"乐意做"

《普通高中英语课程标准（实验）》（2003年版）（以下简称《课程标准（实验）》）指出："教学内容的理解必须在学生的能力范围之内。"教师设计作业时也应该遵循这一原则。设计的作业分量要适当，难易要适度，防止学生负担过重。如果设计的作业远远高于学生的知识水平，尽管学生刻苦攻读，仍难以理解，无法解答，那么，学生就容易产生挫败感，对学习失去信心，因而产生厌学情绪。

笔者在一次学校的教研活动研讨课堂上曾经遇到过这样的作业。研讨课的主题是"分词在写作中的运用"。教师布置了这样一个作业：Write a passage according to the pictures (四幅图片) and descriptions(中文短文). Try to use what we have learned in this class.

附短文：

1. 在我们的身后总会有这样一个人时刻关心着我们。

2. 每天清晨走出家门准备上学时，我们总会听到她的再三叮嘱，如走路时注意交通安全，在校不要和同学打架等。

3. 这些话有时让我们觉得好烦，所以我们都不愿听她的。

4. 当看到她头上的白发和眼角的皱纹时，我知道，我不再是一个年少无知的孩子，而是一个肩负责任的青年。

5. 从今以后，我会经常给她捶捶背（give her back some massage），为她泡杯茶，让她感觉自己是世界上最幸福的人。

下课铃响了。教师要求学生齐读中文短文（不知目的是什么），然后指出五个句子分句（算是写作提示），要求学生把作文写在作文本上，明天交。

教师话音刚落，笔者听到的是满教室学生的抱怨"好难啊""怎么写"。可以想象，第二天学生交上来的作业会有多少，质量又会怎样。

那么，运用同样的素材，教师该如何设计作业，学生会更乐意去做呢？

笔者认为，不给学生任何提示，这样的作业对学生来说是相当难的。学生一看就会产生一种"恐惧"心理。为了降低作业的难度，消除学生的负面情绪，教师可以在课堂或者在学案上给学生提供要用的Key words和Key structures，然后让学生以小组合作的方式完成，第二天再在课堂展示和评讲。这样，学生既得到了教师的指点，又可以和同学交流，还有展示的机会，他们参与的积极性就会大大地提高。

四、突出作业的创造性，变"机械做"为"探究做"

《课程标准（实验）》指出："课堂教学活动的设计应有利于发挥学生的创造力和想象力。在教学中应增加开放性的任务型活动和探究性的学习内容，使学生有机会表达自己的看法和观点。"

笔者在授完北师大版Unit 3 Lesson 3 Weddings 一课的阅读课型后，设计了这样的作业：

课后上网搜集更多的关于印度尼西亚和希腊两国的婚礼习俗，结合课文内容完成：If your mother will go to Greece to attend your sister's wedding next month, what suggestions will you give her?

笔者还会经常设计一些诸如改写人称（Module 1 Unit 1 Lesson 1 A Couch potato）、编写语法填空题（NCE课文）、改写故事结局（Module 2 Unit 7 Lesson 4 Sea stories）等作业。在处理Module 2 Unit 7 Lesson 4 Sea stories一课的Ex. 6时，笔者要求学生按要求编写短文（Write a short story happening to you using the following words and phrases in the given order: one day, when suddenly, then, afterwards, in the end）。为了降低作业的难度，笔者还结合自己的亲身经历（学生知晓）给学生展示了一个Model：

One day, I was walking on my way to school **when suddenly** a man riding a motorcycle with the other one on it got my bag away. **Then** I realized that I was robbed. I hurried to the office and called the police. **Afterwards**, I went to the police station and told the police about my terrible experience. The police wrote down what I said. **In the end**, I went back to school without getting back what I lost.

这样的作业既加深了学生对课文内容的理解，也扩展了学生的视野，提升了他们对问题的认识。学生通过阅读课文或范文、小组讨论交流、上网搜集相关信息等完成作业，不仅培养了学生的创新精神和想象力，同时也体现了新课程的开放性和灵活性的精神。

五、突出作业的实践性，变"单纯记"为"用中学"

《课程标准（实验）》明确指出："课程改革的重点是要改变英语课程过分强调语法和词汇知识的讲解与传授，忽视对学生实际语言运用能力的培养的倾向……"高中英语教学要从用的角度出发，以探究的方式学，在完成任务的过程中运用和巩固。

针对Module 3 Unit 8 Lesson 1一课的知识点，笔者设计了这样的作业：

学生分组通过实地考察或上网的途径了解清远市中国旅行社的情况，然后设计一道基础写作题，要求必须用到课文所学短语和句型编写一篇介绍清远市中国旅行社的广告短文（中文，供其他同学使用），完成时间为三天（周五到周一），其中包括周末时间。英语老师布置写中文作文，鲜有学生抱怨，他们个个都兴奋地接受这样的作业，有的还像模像样地写出了参考范文。周末时做足功夫，周一小组课堂展示时则争先恐后，都希望自己的作品被选为课堂基础写作训练题。由全班同学选出一篇优秀作文题课堂即时训练，即时展示。教师在课堂评讲展示的作品后，再要求学生修改自己的作文然后上交，这也为教师批改作文减轻不少负担，真是一举两得！

下面是一组学生的作品（修改后）：

假设你是清远市中国旅行社的经理，你想针对外国友人客户群体在《清远日报》登载一篇英文广告介绍你的旅行社。广告的内容包括以下信息：

1. 旅行社的位置：位于市中心，很容易找到。

2. 提供的优质服务：包括住宿、饮食、旅游、交通、娱乐活动、购物等。

3. 导游：经验丰富，会说普通话、广东话和流利的英语。除了导游，还有10年以上经验的司机。

4. 安排：可以安排去国内外任何地方的线路。

5. 价钱：合理。

学生范文（修改后）：

If you are going on a journey to some place, our CTS is the best **choice** for you. As it is **located** in the city center, it is very **convenient** for you to find it. Our CTS can **offer** service of good quality to you **including accommodation**, food, **touring**, transport, entertaining, shopping and so on. We have **guides** with rich **experience**, who can speak Putonghua, Cantonese and fluent English. **As well as our experienced** guides, there are drivers having more than ten years of driving experience. What's more, we can **arrange routes** to any place both at home and abroad for you and the **price** is very **reasonable**, so you don't have to worry about money.

六、突出作业的合作性，变"单独学"为"合作学"

《课程标准（实验）》也指出："教师要创设各种合作学习的活动，促进学生相互学习、相互帮助、体验集体荣誉感和成就感，发展合作精神。"

笔者认为，设计小组合作完成的作业有利于促进学生共同思考、相互激励、取长补短。每逢节假日，笔者就会布置学生制作以该节假日为主题的手抄报，要求素材至少有一篇是原创。考虑到学生有的英语写作能力强，有的善于设计，有的擅长绘画，有的书法很棒，笔者要求学生组成四人小组合作完成一份手抄报，大家集思广益，制作的作品远比单独完成的作品精美。学生制作完成的手抄报经过学生评委（自愿担任，两个班交叉评）、教师评委（任课教师）、专家评委（美术教师）的几番评定，最终从中评选出一、二、三等奖作品和优秀奖作品，并在教室"英语专栏"展出，而且获奖者还能得到奖品（笔者自费购买）。学生参与的积极性非常高，每次都能收到很多质量非常不错的作品。在学生记单词、背诵NCE课文等方面，笔者都是采用这种小组合作竞赛的方式激励学生学习。学生在做这种作业的过程中不仅学会学习、学会合作，同时也学会了做人。

参考文献

［1］卢焕玲.英语作业的改革［J］.中小学英语教学与研究，2004，2：12–14.

［2］郑琰.传道：让教学更有效［M］.北京：中国人民大学出版社，2008.

［3］陈勇.新课程有效教学疑难问题操作性解读［M］.北京：教育科学出版社，2008.

［4］胡小力.现代高中英语教学案例［M］.合肥：安徽教育出版社，2007.

［5］刘光梅.教育学［M］.长沙：中南工业大学出版社，1989.

［6］李晓，陈吉棠，李庆琰，等.高中英语课程实施与案例分析［M］.桂林：广西师范大学出版社，2007.

［7］中华人民共和国教育部.普通高中英语课程标准（实验）［M］.北京：人民教育出版社，2003.

教学工作篇

依托教材单元话题，提高学生写作能力

英语写作在听、说、读、看、写基本技能中是相对较难的，它能够比较客观地反映学生综合运用语言的能力。培养学生的写作能力是高中英语教学的目的之一。《课程标准（2017年版）》对英语八级（高中阶段）写作的目标要求是：能写出连贯且结构完整的短文，叙述事情或表达观点和态度；能根据课文写摘要；能在写作中做到文体规范、语句通顺；能根据文字或图表提供的信息写短文或报告。《课程标准（2017年版）》强调的是课程应该从学生的学习兴趣、生活经验和认知水平出发，发展学生的综合语言运用能力。

目前，学生写作上的问题主要表现在词汇匮乏、用汉语思维方式表达、谋篇布局与衔接过渡能力弱、单词拼写及语法错误多等方面。

针对这种现状，笔者就如何依托教材本身提供的写作教学平台开展写作训练，如何利用教材引领写作教学，提高学生的写作能力进行了探索。

一、拓展词汇，为写作进行语言积累

词汇是英语写作的基础。要进行英语写作，必须要有足够的语言（词汇、短语、句型）积累。但是，语言学习应该从运用的角度出发，创设运用语言知识的条件和语境，在运用中加深理解，从而学会运用。笔者在教授单元词汇时，不是简单地领读课本词汇表，而是一方面从音、形、义等方面对重点词汇进行拓展，要求学生写出所给词汇的名词、动词、形容词或副词等相关词形，或是写出同音词、同义词，或是写出固定搭配短语，或是写出固定句型；另一方面，从话题入手对重点词汇进行拓展。例如，在教授北师大版Unit 1 Lifestyle中的词汇时，笔者要求学生以lifestyle为中心拓展出相关的形容词、动词（短语）、名词、副词等。

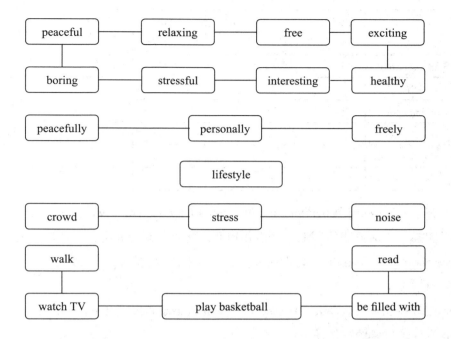

这些拓展的词汇为接下来的Language in use环节——Write about your lifestyle做铺垫。

二、创设语境，为写作设计真实任务

《英语课程标准》（2001年版）指出，新课程强调从学生的学习兴趣、生活经验和认知水平出发，发展学生的综合语言运用能力。在设计写作任务时，尽量创设接近学生生活的真实（authentic）情境，选择学生熟悉的话题，要求学生从单元或模块的话题中汲取完成任务所需的语言知识，引导学生学会谈论个人的经历、体验和感受，并掌握描述个人经历、体验和感受的词汇及相关的语言知识。

还是以北师大版Unit 1 Lifestyle为例。在Language in use环节，笔者设计了这样的任务：

Compare your own life with Brian Blakey's, Bob Black's, Debbie's and Paul's, and then fill in the table with information about your own life and write about it.

	Brian Blakey	Bob Black	Debbie	Paul	You
Live(s) in					
Wake-up time					
Job					
Working hours					
Work(s) in					
Evening activities					
Special activities					

在学完Lesson 1 A perfect day 和Lesson 4 City and country后，学生已经积累了不少描写生活方式的词汇、短语和句型，此时，要完成自己非常熟悉的话题Write about your own life的写作任务，对学生来说应该是a piece of cake（非常容易的事情）了。

在教授北师大版Unit 4 Lesson 4 Virtual Tourism时，在Language in use环节笔者设计了这样的写作任务：

把学生按照生源地分成几个小组——市区组、清新区组、清城区组、阳山组、连南组、连山组、连州组和外省组（因为笔者来自外省，所以加入外省组），要求每个小组分别模拟成立自己的"旅行社"，用本课所学的词汇、短语、句型：has a population of, with a history of, go back to, is located, Famous sights include ..., a ... climate with ... , travel等介绍自己家乡的情况，包括人口、位置、历史、气候、旅游景点、旅游线路等。同时也鼓励学生加入其他更多的信息。

整个教学任务完全生活化了，每个学生都有发挥的空间，有话可说，有话想说，激起了学生用英语表达的欲望，达到了写作训练的目的。同时，既巩固了所学的知识点，也提高了学生运用知识的能力。市区组的学生经过讨论和查找资料后展示了这样的短文：

Welcome to Qingyuan! Qingyuan with a population of more than 4 million people is a young and attractive city located in the north of Guangdong Province. It has an area of 19 thousand square kilometres. It has a history of only 24 years. There are many famous sights including Taihe Park, Lianzhou Underground River, Yingde Crystal Palace, which attract many tourists from Guangzhou, Foshan, Shenzhen and Zhuhai. The weather here is neither too cold in winter nor too hot in summer so many people from other provinces like to live here. It <u>is known as</u> the City of Hot Spring and if you come here, you can go to Sankeng to dip yourselves in hot springs. It <u>is known for</u> Qingyuan Chicken. You can also enjoy many other delicious foods.

画线部分的短语为本单元课文出现的，学生用得非常好。

三、做好铺垫，对写作提供衔接指导

在2014年3月13日的示范课（教学内容为Unit 7 Lesson 4）中，笔者教学完课文的重点短语和句型后，在知识点运用环节，结合马航失联事件，自编了这些实时性的例句，为下一写作环节提供素材：

（1）A plane from Malaysia to Beijing was flying _____ (以高速).

（2）It went round and round, _____ (越来越近) to the horrible edge of the whirlpool of currents.

（3）The passengers in the plane were _____ (很害怕以至于) they _____ (大气不敢出) and were _____ (不能) move.

（4）_____ (幸运的是), they all _____ themselves _____ (绑) their seats.

（5）_____ (花费了) a few minutes to return to normal(恢复正常).

（6）The plane slowed down and _____ (努力) land.

（7）The passengers were trying to _____ (恢复).

（8）It _____ (掉进) the South China Sea _____ (expect).

（9）All the 239 people _____ (被接载) by the rescuing Mian Yang Warship from China.

《课程标准（2017年版）》对八级（高中阶段）写作的目标要求之一是"……能在写作中做到文体规范、语句通顺"。高考基础写作和读写任务的评分标准中也都有"内容连贯，结构紧凑（篇章结构连贯性好）"这一要求。可以看出，作文的连贯性是衡量一篇作文好坏的标准之一。在平时的写作训练中，除了教会学生如何正确表达需要表达的信息点外，还应该注重对学生要表达的信息点衔接的指导。学生有了写作材料后，可以引导学生运用所学的Linking words把句子材料加工成短文成品。

笔者在2014年3月13日的示范课（Unit 7 Lesson 4 Sea stories）话题写作环

节中设计了这样的写作任务：

请用本课所学 linking words：... days ago, in the end, but suddenly, all at once, soon afterwards, at that moment 等把这些句子连成一篇短文。

1 _____ , a plane from Malaysia to Beijing was flying at high speed. 2 _____ , it went round and round, nearer and nearer to the horrible edge of the whirlpool of currents. 3 _____ , the passengers in the plane were so terrified that they held their breath and were unable to move. Fortunately, they all tied themselves to their seats. It took a few minutes to return to normal(恢复正常). 4 _____ , the plane slowed down and tried to land and the passengers were trying to recover. 5 _____ , it fell into the South Sea unexpectedly. Luckily, 6 _____ , all the 239 people were picked up by the rescuing Mianyang Warship from China.

笔者在教授每一课的Language points时，都会设计用课文重点单词、短语进行句型造句、翻译句子或完成句子，然后用恰当的连接词连句成文，完成课堂教学任务。

四、提供范文，对写作提供策略技巧

为了解决学生写作时无话可说、写作内容贫乏、谋篇布局与衔接能力弱等问题，仿写训练是一种有效地提高写作技能的途径。它可以为学生提供写作的内容和形式，引导学生关注书面语言的特征而巩固语法、词汇、句型的运用，从而减少学生写作训练的困难。教师在讲解提供的范文时，要注重分析范文的内容、篇章结构和写作技巧，帮助学生学习和体会如何选取写作内容和表达方式（词汇、短语、句型）、如何谋篇布局、如何过渡等。通过学习范文，不仅可以训练学生书面写作时表达的条理性和连贯性，而且还可以为他们提供写作策略和技巧。

笔者在教授北师大版Unit 2 Heroes 时，要求学生写一篇题为The hero(es) or heroine(s) in my heart的作文。除了引导学生学习教材本单元Bulletin Board提供的两篇范文外，笔者还给他们提供了一篇自写的范文：

When I was a child, Mother was the hero in my heart because she worked very hard in the field all day to support a big family of ten though she was only a housewife. I learned how to love my families from her. When I was in senior school, my head teacher was the hero in my heart because he did much for us without caring much about his own health. I learned much about how to be hardworking from him. Now Yao Ming is the hero in my heart not just because he is tall and plays basketball very well but because he has taken part in and is taking part in many public service activities as well.

通过学习几篇范文，学生知道了写作对象（心目中的英雄）不一定是伟人或明星，写作内容可以包括成为你心目中的英雄的原因。

在教授Unit 7 Lesson 4时，在Writing环节要求学生写一个发生在自己身上的故事时，笔者也给学生提供了一个Model：

One day, I was walking on my way to school when suddenly a man riding a motorcycle with the other one on it got my bag full of papers away. I screamed. I was so terrified that I was unable to move. Then I realized that I was robbed. I hurried to the office and called the police. Afterwards, I went to the police station and told the police about my terrible experience. The police wrote down what I said. In the end, I went back to school without getting back what I lost.

这样，学生在写作时就不会感到无话可说了。

五、开放写作，为写作创造个性素材

创新教育主张开放性，由此，笔者认为，创新写作主张开放性写作。开放性写作与目前高中英语写作教学中，尤其是高考试题中基础写作这种类似翻译的写作任务不同。它是一种自由表达思想的写作活动。学生可以对身边的事物或一些社会热点话题进行自由发挥，完全不受封闭式写作任务的束缚。

有的同事认为，在高中阶段进行开放性写作训练难度太大，学生难以完成写作任务，尤其是英语基础较差的学生。事实却是，在完成每单元的教学任务后，笔者都要求学生利用本单元所学单词、短语、句型和语法结构自己编写短文或故事。学以致用，学生都能写出有独特视角的、新颖的短文或故事，或每个学生至少能写出一两个很棒的句子。

以下是笔者教授完北师大版Unit 9 Wheels 和Unit 10 Money后布置学生写的开放性话题作文中的句子（Some excellent sentences in students' writings）：

（1）Other cars have a bad effect on the environment, but solar cars are clean machines. They are more friendly to the environment.

（2）As we know, now more and more people pay attention to the environmental protection. They produce little pollution and even no air pollution, so they are more friendly to our environment.

（3）Besides, they can help you save money because they don't have to be oiled.

（4）If you buy one, you will make a big contribution to protecting the environment.

（5）If you buy solar cars, you can protect the environment, so I still suggest you buying solar cars.

（6）That probably wouldn't happen if you were driving a solar car.

优秀作文：

My friend was determined to be a doctor. Therefore, she spent much time reading books and doing exercises. Once she learned about a new kind of illness, she was pleased. She worked so hard. However, sometimes she was tired of doing exercises and wanted to give up. But I talked with her and made her aware that since she made the choice, she should never drop out. She went back to working hard at study. In the end, her dream came true.

参考文献

［1］祝凌宇. 慎选英语例句，提高课堂效率［J］. 中小学英语教学与研究，2003（1）.

［2］中华人民共和国教育部. 普通高中英语课程标准（实验）［M］. 北京：人民教育出版社，2003.

［3］郝群. 提高英语写作水平的六条途径［J］. 中小学英语教学与研究，2003（5）.

［4］俞红珍. 谈外语教学中的"真实性"［J］. 中小学英语教学与研究，2003（12）.

［5］杨蕾烨. 利用教材资源，培养语段表达能力［J］. 中小学英语教学与研究，2010（3）.

［6］童鸿. 高中英语教材中写的教学设计评析［J］. 中小学英语教学与研究，2010（11）.

本真教育，素养课堂

情商激励在英语教学中的运用

美国哈佛大学心理学家丹尼尔·戈尔曼在《情绪智力》（又译作《情感智商》）一书中，最早提出了"情商"的概念。情商（EQ），又称情感智商或情绪商数，是相对于智商而言提出的与一个人成才和事业成功有关的一种全新的概念。情商，指的是一些非智力因素的测定，非智力因素是指人们进行各种活动时的除智力因素以外的全部因素的总称，主要由兴趣、动机、信念、情感（情绪）、理想、意志、性格等要素组成。一个人的成才，不仅要靠智商，而且要靠情商。丹尼尔·戈尔曼甚至指出："真正决定一个人能否成功的关键，是情商能力而不是智商能力。"心理学家广泛而深入的研究也表明：人在一生中能否成功、快乐，主要取决于其情商的高低。

《课程标准（2017年版）》指出，情感态度是影响学生学习和发展的重要因素。英语教学要关注学生英语学习的积极态度的养成。研究情感策略和关注学生情感态度的发展，已成为目前英语教学改革的重要内容。情感策略，是指学生在语言学习的过程中，调整和控制自己的动机、兴趣、态度、信心和意志等情感因素的策略。而这里所说的情感态度，即情商。

目前，学生中有相当部分自理自律能力较弱，对英语缺乏学习兴趣和学习动机，从而严重影响他们的英语学习效果。因此，笔者认为，对学生除了要加强基础和专业知识教育外，更迫切的是需要加强情商教育，进行情商激励，要在英语教学中探索致力于培养和发展学生积极的情感态度的方式和方法。

一、淡化教师权威，把情商激励贯穿到课堂

著名教育家列·符·赞科夫说："我们要努力使学习充满无拘无束的气氛，使学生在课堂上能'自由自在地呼吸'。如果不能营造这种良好的教学气

氛，任何一种教学气氛都不可能发挥作用。"

笔者认为，要营造良好的英语课堂气氛，给学生提供"自由呼吸的空间"，教师必须淡化权威意识。一般来说，学生尤其是成绩较差的学生在课堂上有一种紧张感，甚至是恐惧感。他们在教师提出活动任务时都不敢抬头，更不敢正视教师。教师如果能营造宽松、愉悦的课堂气氛，不仅能稳定学生的情绪、融洽师生关系，还能帮助学生克服胆怯、恐惧、焦虑等不良心理。

笔者知道，教师职业的最大特点在于职业角色的多样化，其中两个就是父母与朋友的角色。教师既要像父母一样关心、爱护自己的学生，保证其生理需要的满足，又要像朋友一样与学生进行思想交流、情感沟通和人格碰撞。在多年的教学工作中，笔者一直坚持首先把学生当作自己的子女、兄弟姐妹，然后是朋友，最后才是学生。在与学生第一次见面的第一课时，笔者即告知学生："I am glad to be your teacher as well as your mother, sister and friend."学生平时会亲切地称呼笔者Mother Hu。笔者在课堂提问时，也不会直呼学生姓名，而是叫他们的English name或昵称（小名）。笔者在学生回答问题时，不是"高高在上"地站在讲台上，而是走到学生身旁，微笑地提示或用目光给予鼓励。这样，无形中缩短了师生间的距离，减少了学生害羞胆怯的不良心理。

在向学生提问时，笔者不会经常叫那些能说会道的、积极举手的学生发言，而是根据问题的难易程度叫那些内向的或成绩较差的学生，而他们经过自己考虑或教师鼓励、提示后往往都可以正确回答问题，体验成功带来的喜悦，这样，就激发了学生参与课堂活动的热情。

笔者认为，在设计课堂教学任务时，必须坚持"教学是人的活动，人的因素应当成为英语课堂教学设计的基本依据"。教师应该站在学生的角度，根据学生所处的社会背景、生活环境、思想状况、认知水平、兴趣爱好等，创设真实的交际情景，不仅扮演助学者、任务的组织者的角色，而且扮演参与活动的学生的伙伴的角色。

在新授每一课的知识点时，笔者都会尽量用学生身边的事例作为例句对相关知识点进行讲解，使得教学任务具有真实性、趣味性和可操作性。例如，在操练Unit 1 Lesson 1 Lifestyle中的句型：It takes me less than fifteen minutes to wash, get changed, have breakfast, leave home and get on a bus时，笔者组织学生按座位顺序开展"接龙"游戏：每个学生用此句型介绍自己每天早上起床后到进教室期间的活动。而在操练Unit1 Lesson 4 City and country中的句型：I spend all morning checking numbers.时，笔者设计了这样的教学任务：

Make a list of activities you do and the time you use every day and then practice the two sentence patterns: I spend ... doing ... and It takes me ... to do ...

学生根据自己的实际情况展示出各种各样的例句：

S1: I spend 10 minutes having breakfast. / It takes me 10 minutes to have breakfast.

S2: I spend about 6 hours having classes. / It takes me about 6 hours to have classes.

S3: I spend 10 minutes washing clothes. / It takes me 10 minutes to wash clothes.

S4: I spend about 2 hours finishing my homework. / It takes me about 2 hours to finish my homework.

......

每个学生的用时和具体活动都不同，学生操练起来兴趣盎然，句型也在运用中得以巩固。

二、善用激励机制，把情商激励延伸到课后

《教育心理学》（盖杰和伯会纳）一书指出："表扬是一种最廉价、最易于使用且最有效但也是最容易被人忽视的激发学生学习动机的方法……" 善用激励机制在教学中能起到令人意想不到的效果。

笔者在教学实践中，不仅在课堂上经常向学生"竖拇指"，课后也经常使用激励机制。在每周一次的写作训练中，笔者在批改作业时遇到学生习作中的"闪光词汇""亮点句子""优秀习作"等时就会在学生作文本上用红星标出来并记录，在评讲时把这些"精品"连同作者一起用课件展示出来。评讲完后，"优秀习作"再经修改后在教室的英语角张贴出来以供其他同学学习。这样，不仅树立了自己的习作被展出的学生的学习英语的自信心，提高了他们学习英语的积极性，而且对其他学生努力争取自己的习作上榜具有鼓励作用。

三、关注学生生活，把情商激励拓展到课外

在学习之外，教师扮演的是学生的朋友的角色。笔者不会放过任何一个能鼓励学生、与学生交流的机会。

在个别辅导时，笔者发现有一个学生在高一起始阶段连英语单词都不会拼读时，利用课余和晚修时间对其进行学习时间分配、学习方法及知识点的专门辅导。当观察到他在学习上遇到困难、进步不明显有点儿想放弃的苗头时，笔者找他谈心，帮他发现自己的闪光点，极力鼓励他坚持下去；当发现他患重感冒、上课状态不佳时，笔者亲切地询问和提醒他及时吃药治疗。在与他多次交流后，该生对笔者产生了好感和信任，以至于每天放学后等在教室门口同笔者同路走出校门，一路上还就学习、生活等各方面的问题与笔者交流。他的英语成绩也在第一学期的三次大考中一次比一次进步。

在由校团委和学生会组织的艺术节活动中，得知所教班级有两名学生将参加周六下午举行的歌唱比赛后，笔者牺牲难得的休息时间当他们的"粉丝"，为他们的表演录像，参赛学生非常感动。在学生每学年的社会实践活动中，虽然活动地点去过很多次，也没有多少好玩的东西，但是笔者都会主动向年级提出协助班主任管理班级。其实，管理班级在其次，最主要的是想深入到学生当中，与学生一起拍照（拍到的照片还可以拿到课堂使用呢）、聊东聊西，了解学生的思想动态，和学生一起交流感情。有时甚至还可以了解到在学校了解不到的信息。在博得学生的信任和好感以后，他们对笔者所教的英语学科产生了更强烈的学习动机，学生学习起来更加主动、自觉。

四、抓好习惯养成，把情商激励潜移到习惯

学习习惯就是围绕学习这个中心的相应的行为习惯，经过反复练习而形成的较为稳定的行为特征，是学生达到好的学习效果而形成的一种学习上的自动倾向性。著名教育家陶行知先生说过："什么是教育？简单一句话，就是要培养良好的习惯。"

笔者知道，学生要有好的学习成绩，必须养成良好的学习习惯。在教学实践中，笔者采用激励的方式抓每个细节，帮助学生学习习惯的养成。

笔者在检查学生的作业时，发现不少学生的书写很不规范，有的学生写一

个单词字母之间间隔太宽,有的单词字母又太挤;有的学生单词与单词之间间距太宽,而有的学生根本不空格;有的学生字母书写占格不规范,该占两格的占三格,该占三格的又占两格;有的学生每个单词之间都会有一个句点,而有的学生全篇作业没有一个标点符号。这些平时不规范的书写习惯如果不纠正,会严重影响学生今后的英语学习。针对这种状况,笔者提议学生像练汉字字帖一样买来英语字帖每天坚持练习。为了激励学生认真练习,收到实效,笔者还组织学生进行英语书写大赛,评出优秀作品,张贴出来。现在的英语字帖内容有常用短语、经典句型、美文美段等,学生在练字帖的同时还可以背记短语、句型和短文,真可谓一举两得!

为了让学生能够在上课时提前进入学习状态,笔者让学科代表组织全班学生在预备铃响后进行课前朗读。课前朗读不仅可以让学生由下课的散漫状态转入学习的亢奋状态,还可以对上一节课的内容进行复习和巩固。而笔者在进入教室后即会对朗读的情况进行点评:Very good! You did very good job! I am very glad to hear you reading aloud! All of you did a good job except a few! Good but I hope you will do a better job! 点评既有赞扬,也指出问题,还提出希望,且都是学生能接受的方式。

为了督促学生自觉地背记单词、短语,笔者充分利用学生学习效率不高的"边角"时间——晚修下课前5分钟由学科代表组织学生进行单词听写、批改和纠正,使学生养成对所学的内容"天天清"的习惯。

🔲 参考文献

[1]孙丽.多层次需要——激发学习动机的催化剂[J].中小学英语教学与研究,2004(10):3-4.

[2]田玉霞.英语教学中情感策略的运用[J].中小学英语教学与研究,2004(6):13-14.

[3]田鑫,展鑫磊.中国学生英语学习消极情感与学习成绩的关系探究[J].中小学英语教学与研究,2010(8):2-6.

如何有效批改高中英语作文

高中英语写作是高中英语听、说、读、看、写基本技能的重要组成部分，是体现学生综合语言运用能力的输出性技能。高中英语《考试大纲》对学生写作的要求：（1）准确使用语法和词汇；（2）使用易懂的句型、词汇，清楚、连贯地表达自己的意思。

"写作能力训练是发展学生思维能力和表达能力的有效途径，是语言技能中不可分割的一个重要组成部分，更是语言生成能力的重要表现"。教师无论采用何种方法，写作教学课堂都必须注重培养学生的写作素养，而要培养学生的写作素养，教师就要改变以往偏重语言交际功能的做法，转而注重语言的认知功能，引导学生在语言学习过程中增长见识，通过英语语言学习逐渐培养并提高用英语推理、分析、判断、综合及思辨的能力。学生只有具备思辨能力，才能正确地评价自己，明辨是非，突破思维定式的束缚，表现出创造性和创新性。

笔者在教学实践中注意到一些英语教师的不同作文批改方式。有的教师由于教学任务繁重，批改作文时只给分、不纠错，学生拿回作文本后根本不知道自己的问题所在；有的教师批改作文时，虽然在错误之处划线，但是对于有的错误学生仍然不知错在哪里；还有的老师非常负责任，不仅给学生具体纠错，还为学生更正错误。他们却不知道，"以教师为中心的写作纠错反馈会使学习者变得被动和依赖"。

笔者认为，这几种作文批改方式都是不可取的，在培养并提高学生用英语进行分析、判断、综合及思辨等能力方面没有帮助。笔者认为，在不同的教学阶段，为了达到不同的教学目的，应该采用不同的作文批改方式，使教师和学生都可以得到意想不到的收获。

一、详细批改，促进学生准确表达

在高一高二年级处理完整个Unit的知识点后，笔者一般都会设计话题写作训练，即要求学生运用本单元所学单词、短语、句型等编写短文，或由笔者编写一道用上Unit话题词汇、句型的作文题，对学生进行Unit话题写作训练。如在学完北师大版Module 6 Unit 16 Stories Lesson 1 Stories from History后，笔者设计了一个模仿写作任务，要求学生模仿课文，用课文中呈现的词汇、短语和句型写一篇"地震前后的汶川"的作文。以下是笔者所教的一个学生的作文：

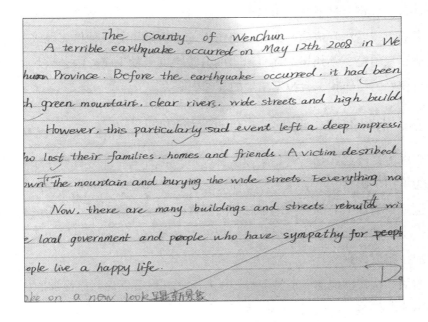

笔者在批改学生的话题作文时，会采用详细批改的方式，重点关注学生是否能正确使用刚刚学过的知识点。

有时，笔者对学生的自编话题作文或材料作文会运用固定的批改符号以帮助学生纠错，如在错词（包括拼写错误和其他用词错误）和多词处标出下划线"＿＿＿"，漏词处标出漏字符号"∧"。学生拿回作文本后，自行更正被纠出的错误。笔者相信，学生虽然表达时会出现一些错误，但是他们完全有能力自我纠正绝大部分错误，教师应创造机会让学生自行纠正，在纠正过程中体验成功的快乐，保持纠错的兴趣。如果学生遇到自己不能解决的问题，则可以向同学或老师求助，更正完后再上交由笔者进行二次批改（只用关注问题所在）。在二次批改过程中发现的问题（即学生不能解决的问题）由笔者在堂上集中进行处理。

学生在学完知识点后，通过写作训练进行运用知识点，再通过笔者对话题作文批改，及时发现自己的知识漏洞，在改错的过程中加深对这些重点知识点的理解。这样，Unit词汇、句型知识经过"第一次学习—写作运用—被纠错—改错—评讲"等多次重现（repetition）后，就会被学生牢牢记住。

二、粗略批改，鼓励学生大胆表达

在每次大型考试或模拟考试前，为了激励学生，不让学生因看到自己的作文被老师批得"满目疮痍"而深受打击，笔者会采用另一种作文批改方式：粗略批改，只给分，不纠错，而且给出的分数略高于学生应得的分数。从而让学生保持良好的写作状态，激发学生的写作内驱力。

三、相互批改，训练学生的改错能力

广东省高考从2016年开始全面实施改革，各科试卷都由省独立命题的广东卷改为采用全国卷。英语科新增一种短文改错的题型。命题形式如下：

假定英语课上老师要求同桌之间交换修改作文，请你修改你同桌写的以下作文。文中共有10处语言错误，每句中最多有两处。每处错误仅涉及一个单词的增加、删除或修改。

增加：在缺词处加一个漏字符号（∧），并在其下面写出该加的词。

删除：把多余的词用（——）划掉。

修改：在错的词下画一横线，并在该词下面写出修改后的词。

When I was a child, I hoped to live in the city. I <u>think</u> I would be happy there.

                                   thought

Now I am living in a city, but I miss my home in ∧ countryside.

                                             the

The air is clean <u>or</u> the mountains are green.

                   and

Unfortunately, <u>on</u> the development of industrialization,

                   with

the environment has been polluted. Lots of studies have ~~been~~ shown that global warming has already become a very seriously problem.

                                    serious

The airs we breathe in is getting dirtier and dirtier.

        air

Much rare animals are dying out.

Many

We must found ways to protect your environment.

        find   our / the

If we fail to do so, we'll live to regret it.

（2015年全国卷短文改错例题、答题规范及答案）

　　这种题型主要就是考查学生在语篇层面的纠错能力，此能力被视为英语书面表达能力的组成部分，而纠错是写作过程中不可缺少的环节，即改错是写作过程的一环。如果刚接触这种题型就针对短文改错题集中进行大量操练，提分效果可能并不显著。所以笔者认为，改错应融入平时的写作训练之中。"把题型操练的时间用在按照教学大纲正常教学上，鼓励学生多写多改英语，只在临考前熟悉题型，学习效果或许更佳。"

　　笔者在平时的写作教学过程中，要求学生用单行信纸当英语作文本隔行进行写作。一方面，学生可以在平时的写作训练时进行书写训练；另一方面，学生方便进行纠错改错。学生在独立完成老师布置的写作任务后，与同桌交换作文本进行纠错、改错（当然也可以自行纠错、改错，但有的学生反映自己写的作文发现不了错误），完成作业的标准就是既有写，又有改。因为是修改自己熟悉的partner的作文，从心理学的角度来看，学生在进行这种训练时，会获得一种莫名的刺激，产生一种莫名的兴奋感。运用自己所学的知识认真地去寻找各种错误，甚至不放过每一个小错误，从而获得一种成就感。而每个学生在进行写作时也会特别注意尽量少给partner"揪辫子"的机会。

　　笔者相信，经过长时间的训练，学生的写作能力和纠错能力会大大提高。这样的批改方式，使学生既训练了写作能力，又训练了短文改错能力，真可谓是"一举两得"！

四、专项批改，巩固学生语法知识

在进行某个语法专项学习或复习过程中，笔者在批改学生作文时，只专注批改与某语法项目有关的句子。比如，学习北师大版Unit 1 时，布置学生写的话题作文是My Lifestyle，而本Unit的语法项目是一般现在时和现在进行时，笔者在批改学生作文时，只关注学生是否用对一般现在时和现在进行时；在布置学生写暑假活动话题作文时，笔者只关注学生是否用对一般过去时；在高三代词语法专项复习时，笔者又只关注学生对各种代词的使用是否正确。

以下是一篇复习Past Simple Tense后，恰逢学生暑假结束回校，笔者布置学生写的话题作文：

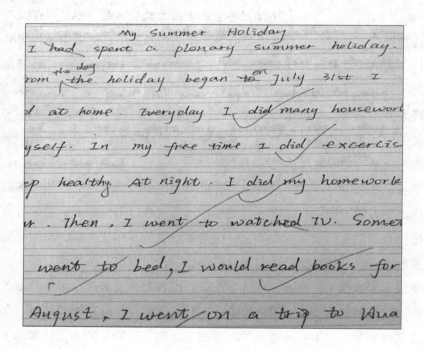

因为笔者会在学生的作文本里，在用对某个语法项目的地方批上大大的红对勾或标注红星，这给学生尤其是写作水平不高的学生以极大鼓励。把枯燥的语法知识融入学生原创的语言情境中，使学生巩固对语法知识的掌握，同时也大大减轻了笔者批改作文的任务。这样的作文批改方式，真可谓是"一举三得"！

五、当堂批改，放大学生的闪光点

有时，笔者会把作文批改和评讲结合起来，采用在课堂上集中批改的方式，即由学生自愿把自己的作文在黑板上展示出来，学生按照学习小组，分组对展示的作文进行纠错、改错，同时找出作文里的treasure（好词、好句），然后每组派代表上讲台对展示的作文进行评点，发表不同看法。

采用这种批改方式，一方面，可以免去笔者一篇篇地批改作文的辛苦；另一方面，也可以锻炼学生大胆展示、勇于表达的能力。同时，学生在黑板书面展示作文，不仅展示了学生的写作能力，也展示了学生的书写习惯，笔者可以利用这个机会对学生进行"养成工整美观书写"的习惯教育。更重要的是，可以培养学生通过合作学习发现问题、分析问题、解决问题的能力，真可谓是"一举四得"！

六、当面批改，对学生个性指导

笔者知道，人人都会犯错误，更何况学生呢。不同的纠错策略会导致不同的结果。正确的纠错方法对学生的学习可以起到促进作用，而错误的纠错方法则会挫伤学生的自尊心，甚至消磨他们的创新意识。正如苏霍姆林斯基所说："学生的自信心和创造力犹如荷叶上的露珠，一不小心，就会滑落在地，摔得粉碎，所以它需要我们倍加尊重和小心呵护。"

学生的语言错误分为失误（mistake）和错误（error）两种类型（Corder，1967）。在英语教学过程中，教师应该只纠正学生的错误（知识性错误或语言能力错误，这种错误一般不能由学生自己发现和改正，而需要教师的帮助），而不必纠正学生的失误（由于学生一时遗忘、紧张或粗心等因素造成的不符合语境的语言错误，一般可由学生自行纠正）。

笔者在批改学生作文时，有时会采用当面批改的方式。这时，笔者会特别注意纠错的方式。首先对学生作文中的"闪光点"进行肯定和赞赏，这样可以缩短师生间的距离，消除学生因为与老师面对面而导致的紧张感，从而有利于学生接下来轻松愉快地接受老师指出的错误，也有利于学生在平时的学习过程中经常主动与老师交流（有的学生曾反映说有的老师太凶，找他问问题，一开始一定是要经受一番"这么简单还来问？""刚刚上课讲过的！""这个问题讲过多少次了？"等训斥，以至于有问题也不敢找老师请教）。然后，笔者会让学生重新快速浏览自己的作文，对存在的失误自行纠错、改错。笔者还会结合学生作文里反馈出的问题，帮助学生分析错误成因，对学生进行写作方法等的指导，有针对性地给学生提供个性指导。

参考文献

［1］张明芳.2014年全国高考英语写作题型分析及启示［J］.中小学英语教学与研究，2014（12）.

［2］史晓敏.用符号纠错，提高英语造句能力［J］.中小学英语教学与研究，2014（11）.

［3］来继红.英语课堂纠错策略研究［J］.中小学英语教学与研究，2014（11）.

本真教育，素养课堂

高考备考指导篇

如何应对高考英语"全国卷"?

2016年广东高考使用全国卷,对于在高一、高二阶段练惯了广东卷的高三学生来说,他们直接变成了接受考验的"小白鼠"。对于多年来积累了丰富备考经验、大量备考资料的负责指导备考的学校领导和高三老师来说,更是"如临大敌"。笔者在认真研读2016年英语科全国卷《考试大纲》和《考试说明》,认真研究、解答近三年英语科全国卷高考真题后,结合自己的教学实践,谈谈如何应对英语科全国卷。

一、"变"与"不变"

英语科广东卷(以下简称广东卷)与英语科全国卷(以下简称全国卷)到底有什么不同?更难还是更简单?对我们的考生是有利还是不利?只有解决了这些问题,习惯了广东卷的老师和学生们才能真正积极应对全国卷。

二、"利"与"不利"

广东卷要求考生在120分钟考试时间内完成高考英语150分分值中除听说部分(15分)之外的135分分值的题量。全国卷则是要求考生在120分钟考试时间内完成高考英语150分分值中除听力部分(30分)之外的120分分值的题量。

题型	全国卷	广东卷	利与不利
阅读理解第一节	题序是第一大题	题序是第二大题	不利
	4篇短文15小题30分	4篇短文20小题40分	利
	一篇3道题的应用文	文体不定	利
阅读理解第二节	七选五	信息匹配	不利

题型	全国卷	广东卷	利与不利
英语知识运用 第一节 完形填空	20小题30分	15小题30分	不利
英语知识运用 第二节 语法填空	3（纯空）+7（提示）	6（纯空）+4（提示）	利
写作第一节	短文改错10分	基础写作15分	不利
写作第二节	100词左右给提示作文	读写任务	利
考试时间	120分钟完成120分值题量	120分钟完成135分值题量	利

（一）全国卷的利

通过认真比较全国卷和广东卷（如上表）后，我们会发现其实全国卷并不像我们想象中那么"可怕"。改用全国卷后，有的题型对广东考生是有利的。

1. 阅读理解

全国卷阅读理解部分第一节虽然仍然是四篇短文，但是题量分值由广东卷的20小题40分减少到15小题30分。而且，全国卷一般会有一篇应用文，设有3道小题共6分，均为可以直接在短文中找到答案，或找到答案依据、信息句子稍加理解的细节题，难度不大，即我们所称作的"送分题"。这对我们词汇量不够，理解能力不够强的学生来说是有利的改变。

2. 语法填空

英语知识运用第二节的语法填空题，广东卷的设题模式是6（纯空）+4（提示），即10个小题中有6个小题为纯空格题，要求考生根据语境、语义作答，重点考查考生的语法知识在语篇、语境、话题等中的运用能力，对学生的语言运用能力要求高，而这正是"语法盲"、又理解能力不够强的学生的弱项。全国卷的设题模式是3（纯空）+7（提示），减少了纯空格题，增加了有提示的题，学生的得分率大大提高。当然，我们对优等生的要求也要相应提高，力争拿满15分。

3. 书面表达

广东卷写作部分的第二节读写任务（25分）要求考生先阅读一篇短文，然后用30个词左右概括短文内容，再根据提示就相关话题发表自己的120个词左右的看法，主要考查考生的篇章概括和语言表达能力，是典型的读与写的结

高考备考指导篇

合，对考生来说难度很大。全国卷写作部分的第二节书面表达（25分）则是要求考生根据写作提示写一篇100个词左右的短文（广东卷150个词左右），虽然是考查考生根据很少的提示恰当发挥书面表达的能力，对考生来说有难度，但是词的数量大大减少，也无须阅读概括，这也是对广东考生有利的一种题型。

4. 考试时间

考试时间对广东考生又是一个非常有利的方面。在每次全国卷模拟考试中，学生都会反映答题时间很充裕，有的学生甚至有一个小时的时间来完成书面表达。他们可以从容审题，写出草稿或至少列出较详细的提纲。书面表达时间充裕，一方面，学生的卷面书写能大大改善；另一方面，由于审题充分，考生对要点把握、语法结构和词汇运用、体现上下文连贯性的语句间的衔接及语言的得体性等方面完成较好，作文整体质量得到很大提高。根据笔者所教班级进行模拟考试的反馈，读写任务题的得分率远高于以前同类学生使用广东卷考试时读写任务题的得分率。

广东高考采用全国卷有这么多有利的方面，作为指导备考老师，笔者在备考过程中，尤其是得知广东高考采用全国卷的开始阶段，会经常放大这些"利"，来安抚学生，稳定人心，消除学生对全国卷的恐惧。

（二）全国卷的"不利"

虽然全国卷有的题型对广东考生有利，但是在备考过程中，学生也反馈出了很多令人头痛的问题。

1. 阅读理解的题序

广东卷的设题题序是完形填空、语法填空、阅读理解、写作，而全国卷的设题题序是阅读理解、完形填空、语法填空、写作。这一设题题序的改变，对词汇量不大、惧怕阅读的考生来说，无疑从一开始就设了一个"障碍"。笔者在教学实践中，与学生交流时就有学生说，"一拿到试卷就害怕……阅读理解五篇短文越读越头痛，有时感觉都要读不下去了。等做到最难的七选五时已经毫无感觉了"。据笔者在所教班级进行调查，发现有同感的学生占72%。

针对这一"变"，我们在备考时该如何应对呢？

笔者在指导学生做题时，建议学生从自己觉得容易的题入手，先给自己"鼓士气"。模考时不一定从试卷的第一部分开始，可以先做后面的完形填空、语法填空或短文改错题（模拟考试时，学生可以在正式开考前的候考时间思考印在答题卡上的短文改错题。正式开考铃声响起后，学生即可马上动笔写答案，10分钟的答题时间也省出来了）；也可以先做阅读中的应用文（送分题），另加一篇感觉难度不大的阅读短文后跳转其他题型，然后再回来做阅读理解，这样可以避免因连续较长时间阅读而产生的"阅读疲劳"。

2. 七选五

广东卷阅读理解是第一部分的四篇短文加第二部分的一篇信息匹配，第二部分属于送分题，以往得分率都在80%以上。现在全国卷阅读理解第二部分是七选五，得分率远远低于信息匹配题型，有时甚至只有20%~30%，每次都有不少学生得0分。这种题型是学生认为最难，也是最头痛的一种题型，不仅耗时，而且正确率低。

七选五这种题型试题模式为：给出一篇缺少五个句子的文章，对应有七个选项，要求考生根据文章结构、内容，选出正确的句子，填入相应的空白处。《考试说明》对该题型命题目的表述为"主要考查考生对文章的整体内容和结构以及上下文逻辑意义理解和掌握"。其命题体现了《课程标准（2017年版）》"用英语获取、处理和运用信息的能力；逐步获取用英语思维的能力"的阅读学习和教学理念。

笔者在教学实践中，一方面，在选题时注意难易题穿插搭配，尽可能让学生"受打击"（做难题）后能马上"恢复士气"（做易题）；另一方面，多次进行集中或个人的专项解题指导。每次评讲试卷时，七选五是必讲题型。在评讲时，为了让学生明确这种题型的解题技巧，笔者会先让学生回顾解题步骤和技巧，用PPT呈现或黑板板书出来，然后结合技巧对每一道题进行解析，理论（技巧）联系实践（例题）。这样，学生对解题技巧理解更透，从而在做题时能更好地运用。有时笔者也会让一些得满分的学生来解析或说说他们的解题思路，既锻炼了得满分学生的解题归纳能力，同时，学生角度的解题思路有时候其他学生可能更容易接受。

附：笔者对学生进行的关于"七选五"的解题指导

（1）通读全文，了解文章（包括段落）大意（main idea）和结构（structure）：总—分；分—总；总—分—总。因为这一题型主要是考查考生对文章的整体内容和结构的把握。

（2）弄清结构，细查格式。在七选五的命题中，有的空设在小标题，这时考生应该考虑没有标点符号，与其他小标题格式一致（通常是短语）的选项；有的空是设在每段的主题句，考生注意其他段的主题句有什么格式特点（动词原形）。一般情况下，五个小题中会有一个小题属于这种简单题，在第一遍通读全文时即可以解决。

（3）利用同（反）义，寻找重现。由于七选五空出的是整个句子，而这些句子与句子之间，必然有一种联系，因此，我们可以通过选项中某个名词或动词跟空前或空后的一致性或者相关性（同义词或近义词或反义词，有时甚至是原词）来确定这两个句子之间的一种关联性，从而选择正确的答案。

（4）根据代词，确定关系。代词提示题有两种情况：①空后文中出现代词。学生答题时，只需要找有与文中代词指代关系一致的信息选项即可。②选项中出现代词。学生在确定该选项是否为答案时，一定要在空前文中找到与代词所指一致的信息。

（5）注意疑问，正确问答。有时选项中或空前出现特殊疑问词，要注意问答一致。对于不同特殊疑问词的回答方式是不一样的，比如对why的回答，后面要有because等表原因的词；对when的回答，后面要有表时间的状语；对where的回答，后面要有表地点的名词；对how的回答，后面要有表方式的状语等。

（6）注意逻辑（关联），搭配正确。比如，一些表示转折的连词but，however，yet，though，nevertheless等，还有一些表示并列关系的连词and，also，as well as，neither ... nor，either ... or，not only ... but also，on one hand ... on the other hand等。因为这些连词可以表现句子与句子之间的逻辑关系，通过不同的连词，我们可以推知句子与句子之间不同的关系。

（7）联系上下文，理解语义。这种题型是属于最难的一种。空前、空后、选项中没有任何提示信息，这时需要考生完全理解上下文语义。这种题型设题通常有三种情况：①设在段首。考生需要考虑的是选项是否是全段的主题句（topic sentence）或是否承接上一段。②设在段中。空前、空后如果话题一致，那么选项的内容一定与前后内容一致；空前空后如果话题不一致，那么选项中一定会出现表示转换话题的词汇。③设在段尾。选项可能是全段的概括（段落属于分—总结构），或者可能是启下的句子。

七选五题型，考查学生对全文结构和上下文语义逻辑关系的把握能力，也要求学生具有速读的能力，在平时的训练中，只讲不练肯定不行。Practice makes perfect! 笔者注重对学生的强化训练，在指导后即要求学生进行一定量的练习巩固技巧的把握，同时也要求学生练后自行归纳每一道小题运用的解题技巧。

3. 完形填空

年份	广东卷	全国卷
2014	动词3，名词6，形容词3，副词1，非谓语动词2	动词3，名词9，形容词4，副词3（程度副词1），非谓语动词1
2015	动词3，名词6，形容词2，副词3，非谓语动词1	动词4，名词7，形容词3，副词3（程度副词1），短语1，连词1，非谓语动词1

从以上表格可以很清楚地看出，全国卷相比广东卷，难度加大了，因为同样词数的短文，广东卷设题15题，而全国卷设题20题。就考点分布而言，全国卷涉及了广东卷所没有的程度副词、短语和连词。程度副词和连词考点重点考查学生对语境语气和逻辑关系的理解。在教学实践中，根据学生训练反馈出的情况来看，这种题得分率不高。针对这一情况，笔者在进行完形填空专题复习时，从高考真题和最近完成的模拟题中整理出有关程度副词、连词考点的训练题，让学生进行更有针对性的训练。

附：完形填空之副词专项训练

1.（2009）It was always thought that *Treasure Island* was the product of Robert Louis Stevenson's imagination. _____ , recent research has found the true story of this exciting work.

　　A. However　　　　　　　B. Therefore

　　C. Besides　　　　　　　 D. Finally

2.（2010）I saw him looking at his watch and decided, since I was _____ busy — my patient didn't turn up at the appointed hour, I would examine his wound.

　　A. very　　　　　　　　　B. also

　　C. seldom　　　　　　　　D. not

3.（2012）I was surprised, and asked him, "And you _____ go every morning, even though she doesn't know who you are?"

　　A. only　　　　　　　　　B. then

C. thus

D. still

4.（2013）I tried to find a comfortable position and thought it might be restful, _____ kind of nice to be pushed around for a while.

A. yet

B. just

C. still

D. even

5.（2014）Before people retire, they usually plan to do a lot of great things, which they never had time to do while working. But _____ after retirement , the golfing, the fishing, the reading and all of the other pastimes become as boring as the jobs they left .

A. only

B. well

C. even

D. soon

6.（2015）We were low on cash ourselves, but ... well, sometimes giving from our need instead of our abundance is _____ what we need to do!

A. yet

B. even

C. still

D. just

4. 短文改错

这一题型重点考查考生在阅读理解难度不大的短文的基础上，发现并纠正包括词法、句法、行文逻辑等类型错误的能力。命题意图是期待学生能反复修改自己的作文或与同学互改以提高英语书面表达能力。

这一题型也是学生反映较难拿分的题，模考得分率经常只有40%左右。一方面，学生对基础的语法知识掌握不好；另一方面，学生发现不了短文中的语法错误。

为了解决第一个问题，同时也结合语法专项复习，笔者选用和设计了一些专项语法的单句改错练习，让学生在复习语法的同时，知道该语法项目在运用中通常会出现一些什么样的误用现象。

在短文改错题型专项训练中，笔者也会采用"理论（技巧指导）联系实践（题型训练）"的方法，结合具体的例题对学生进行解题技巧的指导，使学生练就一双"发现错误的眼睛"。要求学生背记一些便于记忆的口诀（如动词形，名词数，形容词、副词不混用……）或有趣的缩编单词（如pants：person, agreement, number, tense, spelling）来掌握短文改错的常考考点。

笔者还会经常布置学生把一些作文范文改编成短文改错题，然后与同桌交换答题。学生通过编写短文改错题，能熟悉短文改错常考的考点，又能熟悉相关话题或文体作文的写作，从而收到学生既备考写作，又备考改错的一举两得的效果。在最近一次模考中，有一个学生更是反映短文改错题中有几道题就是自己曾经编过的，所以能得到满意的分数。这虽然只是一个巧合，但是经常进行编题训练，对学生掌握考点绝对是有好处的。

　　虽然全国卷中的不少题型对广东考生来说难度不小，但是，只要老师认真研究《考试大纲》《考试说明》和近几年的全国卷高考真题，掌握考试的方向，把握考试命脉，有针对性地对学生进行有效指导。只要学生在老师的指导下扎实复习每一个考点，认真进行专项训练，掌握答题技巧，我们一定能克服难题，取得高考的成功！

高考备考指导篇

冲刺阶段英语高考如何备考？

  最后40来天的冲刺阶段是一个查缺补漏的过程，是一个需要做题，但更需要领悟的阶段。所以，同学们做完题后要对每道题进行考点或解题技巧的归纳，熟知各种题型的命题特点、常考考点和解题技巧。要学会收集错题，进行错题归因。要根据自己的实际情况做好每天的复习计划，包括完成内容、完成时间，做到复习有针对性，统筹规划，心中有数。下面主要重点谈谈词汇复习和写作、短文改错以及七选五等题型的备考策略。

一、词汇是做好各种题型的基础

  （1）每天扫读考试大纲的词汇表，把不熟悉的词汇摘抄到专门的本子上。

  （2）把做题中遇到的不熟悉的词汇，以及熟悉而又陌生的词汇（一词多义）摘抄到词汇本上。

  建议用零碎时间重点背记摘抄的词汇，为各种题型扫清词汇障碍。

二、写作提升空间最大化

  （1）同学们要熟悉评分细则。

  （2）程度较弱的同学重点训练五种基本句型，确保能写对英语句子；程度较好的同学建议训练一些写作中常用的高级结构包括固定句型、从句、分词短语、with复合结构等，以提高作文得分档次。

  （3）每天利用零碎时间背记或抄写一定的句型及各种话题和文体的经典范文；每周至少进行两次限时训练：审题、列提纲、誊写、检查修正（自查或与partner交换查同时进行短文改错训练）包括大小写、标点、单词拼写、时态、语态、主谓一致等，把错误率降到最低。

（4）每次写完作文后找老师面批作文，因为面批是提高写作最有效的一种办法。

（5）书写、卷面直接影响评卷老师的给分心情，所以，一定要练好一手不一定漂亮但一定要工整的英语字。

三、短文改错和七选五是新题型

这两种题型对广东考生来说是新题型，得分率都偏低。但是考生只要通过训练，掌握解题技巧，经常进行考点和解题技巧的归纳，还是可以攻克难题的。

短文改错：

1. 熟知错误类型（多词、少词、错词）和常考考点（名词、代词、冠词、形容词、副词、介词、连词、动词时态、语态、主谓一致、非谓语、从句引导词等）。同学们可用作文范文进行编题训练，然后与partner交换答题，以巩固对考点的把握。

2. 答题时，首先通读全文，先解决错误比较明显的题。复读时以句子为单位，重点关注名词（单复数）、代词（一致性）、形容词、副词（形式）、动词（时态、语态、主谓一致、非谓语）、介词、连词、冠词，考虑多词及少词。还要考虑固定搭配、句子结构、主从复合句、and、but、or、so等问题。

3. 注意细节（大小写、答案位置、使用符号），严格按规范答题，避免出现不必要的丢分情况。

七选五：

1. 通读速读全文，了解文章（包括段落）大意（main idea）和结构（structure）。

2. 注意格式提示。小标题（没有标点符号）；主题句（有的原形动词开头等）。

3. 寻找重现词汇。通过选项中某个名词或动词跟空前或空后的一致性或者相关性（同义词或近义词或反义词，有时甚至是原词）来确定正确答案。

4. 代词指代一致。①空后文中出现代词。学生答题时，只需要找有与文中代词指代关系一致的信息选项即可。②选项中出现代词。学生在确定该选项为答案时，一定要在空前文中找到与代词所指一致的信息。

5. 注意问答一致。比如，why — because；when — 时间状语； where — 地点状语；how — 方式状语等。

6. 注意逻辑关联。表示转折的连词but，however，yet，though，nevertheless等；表示并列关系的连词and，also，as well as，neither ... nor，either ... or，not only...but also，on one hand ... on the other hand等。

7. 巧用设空位置。①设在段首。考生需要考虑的是选项是否是全段的主题句或是否承接上一段。②设在段中。空前空后如果话题一致，那么选项的内容一定与前后内容一致；空前空后如果话题不一致了，那么选项中一定会出现表示转换话题的词汇。③设在段尾。选项可能是全段的概括（段落属于分—总结构），或者可能是启下的句子。

四、完形填空

（1）根据完形填空考查的重点考点，把近三年高考真题中出现的名词、形容词、副词、动词进行详细分类，积累备考素材。

（2）训练时要关注首句，遵循先易后难原则，进行跳读；重视语境，词不离句、句不离文，寻找暗示、线索，有的信息提示距离答案较远；重视逻辑（转折、递进、因果、时间、顺序、并列）；关注复现，原词复现，同义、反义、近义、概括、注释性复现；关注生活常识与文化背景、教育意义等。

（3）做完题后进行原词回文，把答案填写到空白处并进行朗读以培养语感。

五、阅读理解

（1）熟知高考试题命题思路、命题规律，以及各类题型（6种）的解题技巧。

（2）不同体裁的文章阅读方法不同：记叙文的阅读要学会从事情本身的发展去理解故事情节，通过作者的重要细节描写，联系故事情节去领会作者的意图；阅读说明文的关键是抓住事物的特点，即抓住说明对象的本质特征；阅读议论文主要抓论题、抓观点；应用文的阅读需要抓住文章中出现的具体细节信息。

（3）训练时要限定时间（每篇文章8分钟），考试时要注意先易后难，可以调整答题顺序，先做连篇后穿插其他题型再回来做阅读理解。

六、语法填空

要求考生根据语境、语义作答，重点考查考生的语法知识在语篇、语境、话题等中的运用能力。这种题型难度不大，优生应争取拿满分。

（1）熟知常考考点和设题模式：3（纯空）+7（提示）。

（2）做完题后要认真分析考题考点和错题错因，及时查漏补缺。

（3）注意细节（大小写、誊写答案时不要写错位置），避免出现不必要的丢分情况。

每种题型都有命题规律和解题技巧。同学们在最后阶段要适量做题，领悟解题技巧的运用，保持答题状态。做完题后要多归纳、整理，及时发现和解决自己的知识漏洞。找错题错因，用好错题集，每次练习或模考后把错题摘录到专门的错题本上，过一段时间再重新回顾这些错题。

英语高考考前备考策略及叮嘱

（整理）

考前做好三件事：

1. 将错题本(尤其是语法填空和短文改错)再温习一遍。

2. 背熟预测作文模板的开头和结尾。

3. 每天做点题练练手。

进考场做好三件事：

1. 平静心态（很重要），把高考当作学校组织的最后一次月考。

2. 回忆作文的常用词汇和表达方式。如果有可能，把常用词和表达方式写在监考老师发的草稿纸上，或者想些愉快的事情。

3. 拿到答题卡就赶紧看短文改错。但要注意，不要马上填在答题卡上。等试卷发下来后写在试卷上，检查无误后，再按答题要求规范地抄写到答题卡上。

一、阅读理解

平时一定要坚持保障阅读量，使自己常处于阅读状态。考试时就能马上进入答题状态。注意积累阅读题中的陌生词汇和一词多义的词汇。答题时一定要会运用答题技巧。

（1）文体：应用文（胆大心细）、新闻报道（主旨在开头句）、记叙文（全文把握主旨）、夹叙夹议（主旨在文末议论段）、科普短文（开头、标志词汇research, researchers, discovered that,found that ... 、全文反复出现的词汇等）。

（2）题型：必考题型有主旨要义（main idea, title, writing purpose）、推断

题（infer, conclude, learn from）、猜词（短语或句）义、作者或语篇中人物的观点态度或性格（选项形容词）。

（3）答题时不能选的选项：绝对词眼、语篇未涉及、答非所问（虽是文中信息但与题干无关）、以偏概全、移花接木（语篇信息错乱）、推断题与原文完全一致的信息（直接告知的信息）。

（4）答题时，一定要正确理解选项的语义和原文信息句子的语义，要避免受词汇诱惑，有时选项中出现与原文完全一致的信息可能是陷阱（应用文除外）。

（5）正确或错误选项都应该在语篇中找到依据信息。

（6）学会利用排除法。

（7）But, however, now等词汇后面通常是作者要强调的内容。

二、七选五

七选五题型重点考查学生对短文结构和语义的把握。

首先，速读全篇，了解短文大义和结构（总—分；总—分—总；分—总）。首先解决与格式有关的题（小标题——特点是短、原形动词开头等）。其次，运用解题技巧，用排除法试选答案（找出possible answers）。

要记住：

（1）选项的内容一定与设题所在段落的内容有关，不能只看空前或空后。

（2）代词提示：如果空后出现代词，那么选项中一定有一个与之相对应的名词（单数代词单数名词，复数代词复数名词）。

（3）注意段落中前后重复出现的词汇、关联词。但是不能只看词汇，那可能是陷阱。

三、完形填空

（1）完形填空题型通常采用夹叙夹议的正能量的语篇（爱心、人与人和谐、人与动物和谐、互助、环保、废物利用等话题）。此种题型旨在考查学生综合运用英语的能力，这种类型的题必须通篇考虑，掌握大意，综合运用所学词汇、语法、常识及全文主旨进行判断推理。

解答这种类型的题主要注意"三读"：

第一步：细读首句。全文信息从首句细读开始，可判断文章体裁，预测全文主旨大意。

第二步：跳读全文。解决简单的题。读时要注意划出关键词、中心词和前后呼应的提示词。

第三步：复读全文。结合语境，从上下文中的词汇提示（原词、同义词、反义词或相关词）、结构搭配、语义辨析、常识和全文主旨等角度进行核查补空。只有搭配、语义和上下文同时满足才是正确答案。

（2）做完所有的题，建议原词回文大声朗读全文。

（3）注意选项中的一词多义的词汇。

四、语法填空

语法填空题型重点考查学生的语法知识。一般是七题有提示词（名词、谓语动词、非谓语动词、形容词副词、词形转换、主格代词），三题纯空格题（答案是冠词、介词、连词、主格代词，有时还可能是不定代词other, another等、语气副词however,besides等和程度副词even, still或强调句型that）。

提醒：

（1）熟记常考、必考考点规律，但切忌只顾空格前后而掉进陷阱。

（2）切记只有搭配、语义、上下文都能满足的才是正确答案。

（3）一定要着眼于整句。

（4）不要忽视细节（句子开头大写；。？！等标点符号后是大写；：—；等标点符号后是小写）。

（5）填写答题卡时不要写错答案位置。

五、短文改错

（1）一般是一多一少八处错。

（2）一定要对短文改错常考（必考）考点：名词单复数、动词语态时态非谓语、形容词副词错用、介词（多少错）、连词、代词等熟记于心。

（3）答题前，一定要先通读全文，了解主体人称和时态。

（4）找错时，一定要以句子为单位，不能只看句子的一部分或同一行。

（5）答题时，一定要在试卷上先作答，经检查无误后才誊写到答题卡上。

（6）誊写答案时，一定要注意规范，不要用错符号或写错位置。

（7）注意大小写。

（8）一定要找够错误处。

六、写 作

（1）写作要读背结合多练笔，坚持每天写一篇作文或列一篇作文写作提纲。

（2）归纳写过的作文中的常见错误（单词拼写、常用句型）。

（3）背记时，注意话题必备词汇和文体格式（开头、结尾、必备模板句型一定要记住），最好能默写。

（4）强化训练时，确保有足够的时间（30分钟左右）来写作文。

（5）强化训练时，审题要重点注意文体、基本人称、时态、所有要点（这些方面出的错误一定是重点扣分点）、分段。

（6）建议在试卷或草稿纸上列出写作提纲（如有时间可打草稿）后，才正式誊写到答题卡上。

（7）重视书写，卷面整洁一定是最最最重要的。书写好看（字体大小、词距合适），卷面干净不涂改，一定能帮你多得几分。建议考前练习每行写10～13词。

（8）写完后要用短文改错答题方法，检查发现可能存在的低级错误（如a/an,you/your和一些写作易错词汇）。

七、写作备考清单

（1）《二轮》各话题文体模板句式和满分作文。

（2）热点预测卷。

（3）常考十种书信体卷。

（4）传统文化介绍文章等。

八、词汇备考清单

（1）一词多义词汇卷（语义）。

（2）考纲词汇（每两天一张共八张，语义和词性）。

（3）常用不规则变化动词卷（拼写）。

（4）常考不可数名词、常考易错词汇、常考易混词汇卷（拼写和用法）。

（5）常用时间表达、星期、月份、季节、传统节日（拼写）。

（6）派生词卷（词形转换）。

九、应试细节

（1）做完选择题，立马涂答题卡。每年高考都会有考生因为紧张，时间不够，最后答题卡没有涂完，追悔莫及！建议做完一道大题，立马涂答题卡！

（2）平稳做出自己的题，不看别人的答题进度，发挥好自己的水平最重要。考场上不要左顾右盼，你还在做选择题，别人已经开始翻卷子了，你会有压力、会紧张，答题就不会专注，就容易出错。

（3）把握答题顺序，先易后难。平时的模拟考试中，有自己的一个答题顺序，但是考场上，计划赶不上变化。先从简单题下手，做到难题时可以先放一放，不要在难题上浪费时间和精力，在答完所有有把握的题之后，再做难题，保证会做的题都能得分。

（4）时间分配要均衡，不要总看表。合理安排好考试时间，但是也不能总看表，这样会给自己增加无形的压力，容易紧张着急。考场上可以看两次到三次表。距离考试结束15分钟会有提示。

（5）充分利用好草稿纸。草稿纸也要规划、利用好，书写认真规范。没有把握的单词或句式可以先在草稿纸上（试卷上也可）写一遍。作文草稿或提纲尽量工整，便于自己查看。

（6）吃穿用要适合。吃平常吃的食物，穿最舒适的衣服，用常用的文具（考试用笔笔芯一定要够黑，笔尖不要太细或太粗），用旧的东西会给你熟悉感，有利于放松身心。

（7）答案不要临时改。第一次做题的时候，是头脑思维最清晰的时候。答完试卷，大脑已经疲劳，如果不是有十足的把握，不要修改答案，相信自己的第一感觉，模棱两可的答案，改完很容易出错。科学研究表明：第一感觉其实是人的潜意识的第六感，有些信息是在你不知道的情况下就已经进入到你的大脑，帮你作出了合理的判断。所以，一定要注重第一次所作出的选择，没有把握切不可随意改动答案。

基于高考命题和学科素养的
高三英语二轮细实复习

英语核心素养，由语言能力、文化意识、思维品质和学习能力这四大要素构成。语言能力，是指在社会情境中以听、说、读、看、写等方式理解和表达意义、意图和情感态度的能力。文化品格，是指对中外文化的理解和对优秀文化的认同，是学生在全球化背景下表现出的文化意识、人文修养和行为取向。思维品质，是指学生通过英语学科的学习而得到的心智发展。学习能力，是指学生积极运用和主动调适英语学习策略、拓宽英语学习渠道、努力提升英语学习效率的意识和能力。在高考中，英语核心素养将怎么考呢？这是我们每一个英语老师必须知道的问题。

首先是读。学生要能在阅读中抓住日常生活语篇的大意，获取其中的主要信息、观点和文化背景；能区分语篇中的主要事实与观点，能预测语篇的主要内容；能识别语篇类型和结构，能辨识和分析语篇的文体特征及衔接手段；能识别语篇为传递意义而使用的主要词汇和语法结构；能识别语篇直接陈述的情感、态度、价值观和社会文化现象。这些能力是学生解答高考试题中的阅读理解、完形填空、语法填空和短文改错必备的能力。

其次是写。学生要能以书面形式简要描述自己或他人的经历，或续写结尾，或表达观点并举例说明。介绍中外传统节日和中国传统文化。所用词汇和语法结构能够表达主要意思；能运用语篇的衔接手段构建书面语篇、表达意义，体现意义的逻辑关联性。这是学生完成书面表达必备的能力。

在2018年3月份教育部考试中心在《中国教育报》发表的署名文章中的"如何命题"部分提到，要围绕高考核心功能，全面深化考试内容改革。同时，对2017年高考命题作了高度评价和肯定（……英语学科突出综合语言运用能力考查，促进学科素养养成）。那么，2017年英语试题的优点对2018年高考英语复习备考也就提出了明确的指引："英语学科综合语言运用能力得尽快养成：2018年高考英语通过深度发掘语篇材料的思想内涵，突出对综合语言运用能力的考查，促进学生学习能力、交际能力的提升，以及人文底蕴的养成。如阅读理解部分可能选取科技创新、环境保护、'一带一路'、遗产保护等话题文章设计试题，引导学生在理解文章内容和作者观点态度的基础上深入思考人与自然、社会的关系，体悟和谐发展之道。"

基于高考命题的"最新定调"和英语学科素养的要求，笔者重点在以下几个方面从细、从实抓好高三英语二轮复习。

一、让学生知道考什么

通过一个学期的一轮复习，学生已经积累了大量的必备词汇、语法知识，第二学期就到了考查学生综合语言运用能力的阶段了。在每次的月考试卷分析时，笔者都会强调试题的考点，让学生在考后反思时，在每道试题后都标出题型和考点。在2018年3月份学生参加了两次大型的考试（省一模和广一模），为了帮助学生进一步明确考点，笔者引导学生对两次考试的试题进行试题分析和对比（如下5个表）。

阅读理解

题号	省一模题型	广一模题型
21	细节判断	细节判断
22	细节判断	细节判断
23	写作意图	写作意图
24	细节判断	细节判断
25	细节推理	细节判断
26	人物态度	人物态度
27	全文主旨	推理判断
28	代词指代	段落主旨
29	推理判断	细节判断
30	词义猜测	推理判断

题号	省一模题型	广一模题型
31	推理判断	作者观点
32	推理判断	代词指代
33	细节判断	细节判断
34	段落主旨	推理判断
35	作者态度	全文标题

短文填句

题号	省一模题型	广一模题型
36	上下文语义	代词、上下文语义
37	小标题	上下文语义逻辑
38	段落主旨句、词汇信息	上下文语义逻辑
39	上下文语义	段落主旨句
40	上下文语义、词汇	总结句

语法填空

题号	省模考考点	广模考考点	题号	省模考考点	广模考考点
61	引导词（宾从）	副词	66	形容词（词形转换）	引导词（主从）
62	名词（词形转换）	谓语动词	67	冠词	副词（词形转换）
63	代词（词形转换）	非谓语动词（不定式）	68	非谓语动词（-ing分词）	谓语动词（被动语态）
64	副词（词形转换）	形容词（词形）	69	谓语动词	非谓语动词（-ing分词）
65	非谓语动词（不定式）	冠词	70	连词	名词（词形转换）

完形填空

题号	省模考考点	广模考考点
41	动词	副词
42	副词	非谓语动词
43	名词	形容词

题号	省模考考点	广模考考点
44	形容词	名词
45	名词	动词
46	名词	动词
47	形容词	名词
48	名词	形容词
49	动词	介词
50	动词	形容词
51	动词	形容词
52	形容词	名词
53	动词	形容词
54	动词短语	非谓语动词
55	形容词	名词
56	名词	动词
57	名词	名词
58	形容词	形容词
59	非谓语动词	副词
60	形容词	名词
考点归纳	名词：6 动词：6 形容词：6 副词：1 动词短语：1	名词：6 动词：5 形容词：6 副词：2 介词（短语）：1

短文改错

题号	省模考考点	广模考考点	题号	省模考考点	广模考考点
1	词形	介词（语义）	6	名词单复数	主谓一致
2	非谓语动词 （–ed/–ing）	并列谓语	7	语义逻辑 （but/and）	非谓语 （漏to）
3	多余be	代词	8	what从句	词形
4	并列谓语	多余be	9	介词 （短语搭配）	语义逻辑 （or/and）
5	词形	名词（不可数）	10	漏介词	副词（最高级）

本真教育，素养课堂

通过这几个表格，学生可以很清晰地知道两次考试都涉及了哪些题型和考点。

二、让学生知道怎样考

2017年高考英语试题的优点给予我们的指引是"2018年高考英语通过深度发掘语篇材料的思想内涵，突出对综合语言运用能力的考查，促进学生学习能力、交际能力的提升，以及人文底蕴的养成。如阅读理解部分可能选取科技创新、环境保护、'一带一路'、遗产保护等话题文章设计试题，引导学生在理解文章内容和作者观点态度的基础上深入思考人与自然、社会的关系，体悟和谐发展之道。"

根据这个方向，在备考的过程中，笔者利用网络平台，在21st Century搜索到大量关于科技创新、环境保护、"一带一路"、遗产保护等话题的热点英语短文，然后根据命题特点原创试题。笔者也认为，原创试题应该是一名高三老师的一项基本技能和素养。笔者所在学校高三年级3月份月考两次采用了笔者的原创试题，其中一份的内容涉及了阅读理解A篇　网络游戏（Travel Frog）、B篇　科技创新（clone monkey）、短文填句（传统节日：the Laba Rice Porridge Festival ）、完形填空（印度爱心冰箱）、短文改错（共享单车：mobike）等。另一份的内容也是紧扣命题趋势：阅读理解A篇　科技创新(机器人Sophia)、B篇　共享单车经营状况、C篇　实体library的状况、D篇　习近平夫妇会见特朗普夫妇（China-US relation）、完形填空the Year of the Dog（dog-human relation）、语法填空（科技创新：some great inventions）、短文改错（传统节日：the Spring Festival）、写作话题（"一带一路"）等。通过完成这两份试题，学生能进一步强化"深入思考人与自然、社会的关系，体悟和谐发展之道"的意识。

除了在考试题中让学生熟悉这些素材，笔者还搜索整理出一些阅读语篇供学生阅读和朗读，同时熟知相关词汇。比如，中国结（Chinese knots）、刺绣（embroidery）、书法（calligraphy）等传统文化，"一带一路"（the Belt and Road）、共享经济（sharing economy）、支付宝关键词（Alipay）、中国诗词大会（the Chinese Poetry Competition）、中国民族舞（Chinese folk dance）等。

学生通过考场演练和素材的积累背诵，知道各种热点话题，可以以不同的形式（题型）进行英语学科素养考查，只要他们能够理解语篇材料的思想内涵和作者的观点态度，有较好的学习能力、交际能力和人文底蕴，不管怎么出题，他们都完全可以从容应对英语高考。

三、让学生知道怎样备考

（一）词 汇

据调查，导致高三学生英语学习成绩不理想的首要问题是单词不过关。因此，词汇复习必须天天进行，形式多样，贯穿于学生整个高三学习与复习过程中，即使到了高三第二轮复习的最后阶段也不例外。

1. 模块词汇

根据复习进度和学生的学情，笔者给学生安排了各种形式的词汇过关测试。一轮复习时，笔者要求学生按照课本模块单元顺序背记单词，笔者把每个单元的词汇重新进行整理（备课组分工完成），分成几个部分：写作词汇（汉译英）、阅读词汇（英译汉）、必备短语（汉译英）、词形拓展（词形转换）。利用早读或者课前10分钟时间对学生进行检测，不过关者重测，直到过关为止。

2. 功能词汇

对于阅读理解和完形填空题中的高频词汇，笔者首先印发给学生背记，然后每天课前5分钟，要求学生完成一份英译汉的词汇测试（大约20个），同时对其中的一些重点词汇根据它们的功能进行拓展，比如，有些可能是写作常用词汇，要求学生记住拼写和短语句型搭配；有些可能是语法填空会涉及的词汇，则要求学生记住词形转换。

3. 一词多义

在英语学习中，我们应当注意准确把握英语单词的词义，特别是要能分辨一词多义现象。如果词义理解错误，那我们就不能正确理解句子的意思了，在阅读时就会产生歧义（lexical ambiguity）。

在词汇复习时，笔者把在阅读理解和完形填空题中常见的一词多义的词汇和例句（语境）整理印发给学生背记，同时要求学生把语篇训练时遇到的相关词汇进行补充。

4. 考纲词汇

对于考纲词汇，先要求学生进行拉网式搜索找出那些陌生词汇（缩小范围），可以在词汇卷标记特殊符号，也可以摘抄到词汇本上，然后在短时间内多次反复（repetition）记忆陌生词汇以增强记忆效果。

5. 派生词、不规则变化动词、写作易错词汇等

利用考前强化阶段过关检测这些词汇的掌握情况。如有需要，可以进行多次。

通过对学生各类词汇的记忆方法指导和过关检测，学生自主积累知识的意识慢慢增强，积累基础知识的同时，也提高了学习能力和语用能力。

（二）专 项

阅读理解（四选一）、短文填句（七选五）、完形填空、语法填空和短文改错等各个专项的备考，主要是结合两次省模考试题和近几年高考真题对学生进行解题方法和技巧的点拨。同时，提醒学生注意把握各题型的命题规律（选项分布、命题顺序、常考题型、常考必考考点等）。要求学生训练后一定要进行错题的收集和错因分析，遇到自己不能解决的问题一定要找老师求解。

（三）写 作

一轮复习分话题复习时，每个话题都进行了写作或微写作训练。进入二轮复习，尤其是最后几十天的阶段，除了每周一次的作文限时训练和周测、月考的作文训练外，笔者还要求学生抄写并背记训练时的作文范文，积累各类话题、各类文体的必备（背）词汇句式，还会印出十几篇常考文体（书信体）范文要求学生默写过关。学生的每次作文都会采用双批：第一次批改打分后发回给学生自己修改，培养学生发现问题、处理问题的能力。评讲后要求学生再写一次（原文修改或重写）再批改。往往第二次批改时问题大大减少，书写（handwriting）、文章内容双佳的作文大大增加，配上笔者给出的"Good!""Very good!""Excellent！""Much better!"等评语，学生的写作兴趣得到较大的提升。

书写是写作绕不开的话题。笔者经常向学生灌输"书写的重要性"：工整、漂亮的书写令人赏心悦目，给人留下非常美好的印象。高考阅卷老师们普遍认同，一个书写不好的学生，一轮高考下来，丢失6～7甚至10分左右是常态。在"多考一分干掉千人"的高考考场上，丢失6～7分是多么可惜的事情！笔者每次批改作业时，凡是发现有书写不规范的情况，一定要求学生重抄，直到过关为止。笔者还会采用激励机制，把那些书写漂亮的作业在教室后面的英语光荣榜栏张贴出来。

四、让学生轻松备考

高考是学生人生中面临的一次非常重要的考试。学生在备考过程中出现紧张状况是在所难免的。为了让学生放松心情备考，不论是课内还是课外，笔者都非常关注学生的心理状态。比如，在课堂上，在讲解某个知识点需要创设情境时，笔者经常会把某个学生编进情境中，这样，既逗乐学生，又可以使学生更容易地理解相关知识点。课后，笔者经常与学生手牵手聊天、放学后一起跑步锻炼、个别辅导后与学生聊聊家常，有时也会分些零食给学生吃，经常对学生嘘寒问暖，让学生感受到老师的关爱等。这样，学生不用整天生活在高压状态下，精神可以得到调剂，学习效率得到提升，从而形成一种学习的"良性循环"。

笔者相信，经过师生的共同努力和精细、踏实的二轮备考，2018年的高考一定能取得理想的成绩！

2017—2018学年第二学期调研考试

英语试题

本试卷分第I卷（选择题）和第II卷（非选择题）两部分。

注意事项：

1. 答第I卷前，考生务必将自己的姓名、考生号填写在答题卡上。

2. 选出每小题答案后,用铅笔把答题卡上对应题目的答案标号涂黑。如需改动，用橡皮擦干净后，再选涂其他答案标号。不能答在本试卷上，否则无效。

第I卷

第一部分 听力理解（略）

第二部分 阅读理解（共两节，满分40分）

第一节（共15小题，每小题2分，满分30分）

阅读下列短文，从每题所给的四个选项（A、B、C、D）中，选出最佳选项，并在答题卡上将该项涂黑。

A

A hit Japanese game about a frog who regularly disappears on vacation has struck a note with young Chinese for its "Buddha-style" gameplay.

Travel Frog was the most downloaded free app on the Apple Store on Sunday, while the mobile game has been among the most searched topics on Sina Weibo this week. The game centers on a frog that goes on trips around Japan and sends back postcards, and sometimes local delicacies (土特产). Players are required to do very little.

Many people have praised the game for its slow pace, saying it taps the trend among younger generations in China to search out "Zenlike" activities.

"I wish I could be the frog I raised in the game as I would like to be able to go on a trip whenever I want," said Ge Yuan, 30, who works in Shanghai's Taihe economic zone. "It's like the life of a monk who lives life following his heart."

Yuan Linghuan, a postgraduate student at Tongji University in Shanghai, said her friend introduced the game to her three days ago. "Whenever I launch the game, I don't know whether the frog is at home, reading, eating or writing letters," the 25-year-old said. She said the design of the game is cute, while it requires no skills in fighting, which is good for female players. "It's not a game that you will get obsessed with, as there is no ranking list among players," Yuan added. "All you have to do is open the app to see if your frog is at home or on its journey, and it's not necessary to spend a lot of money buying gear to equip the frog for his travels, which differs from other role-playing games." she said.

Developed by Japanese company Hit-Point, the game was included as a free download in the Apple store on Dec 6 and became an Internet hit after being introduced to China in early January. The game is available for IOS and Android systems, but the Apple store only offers a Japanese version while Android has Chinese and Japanese.

21. According to the passage, _____.

A. the game of Travel Frog is popular with young Japanese

B. you can download the app of Travel Frog for free on the Apple Store

C. players are required to pay a little for the game

D. the game focuses on a frog on trips around Japan and sends back only postcards

22. What Ge Yuan said tells us that _____.

A. she longs for a life that the frog in the game lives

B. she highly praises the game for its slow pace

C. she wishes that a monk lives a life following his heart

D. she is tired of working in Shanghai's Taihe economic zone

23. The game is good for female players for the reason that _____.

A. there is no ranking list among players

B. it's a game that you will get addicted to

C. it's necessary to buy gear to equip the frog

D. it requires no skills in fighting

24. Which do you think can be the best title for the passage?

A. A Frog Travelling around Japan

B. A Game Popular in Japan

C. An App Available Free on the Apple Store

D. A Game Well Received by Chinese Youth

B

China became the first country to clone a monkey using non-reproductive cells, reducing the need to breed lab monkeys and paving the way for more accurate, effective, and affordable animal tests for new drugs, scientists said on Thursday.

By December, two clone macaques named "Zhong Zhong" and "Hua Hua" had been created by nuclear transferring of somatic cells — any cell in the organism other than reproductive cells. This was the similar technology used to create the famous clone sheep Dolly in 1996.

Tetra, a rhesus monkey born in 1999, is the world's first ever-cloned monkey, which was done using a simpler method called embryo (胚胎) splitting, but it could only generate four cloned offspring at a time and cannot be genetically modified to suit experimental needs.

By cloning monkey using somatic cells, we can mass develop large number of genetically identical off-spring in a short amount of time, and we can even change their genes to suit our needs, he added. "This can save time, cut down experiment costs, and produce more accurate results, leading to more effective medicine."

Sun Qiang, director of the non-human primate research facility at the institute, said most of the drug trials are currently done on lab mice. However, drugs that work on mice might not work or even have severe side effects on humans because the two species are so different. Monkeys and Humans are both primates, so they are much closely related and testing on monkeys is supposed to be as effective as testing on humans, he said.

This achievement will help China lead the world research in an international science projects related to neural mapping of primate brains, he said. However, bio labs from the United States, Japan, and European countries are also very capable, and they will quickly catch up to China after the monkey cloning technology is made public, Sun added.

This means we have to innovate continuously and work extra harder this year to stay ahead, he said.

25. What does the passage mainly tells us?

A. China has led the world research in an international science projects.

B. China has paved the way to testing more new drugs.

C. China has become the first country to clone a monkey using non-reproductive cells.

D. China has worked hard to stay ahead in the field of cloning.

26. Which of the following is true according to the passage?

A. Zhong Zhong and Hua Hua are the first cloned monkeys in the world.

B. Dolly is a cloned sheep using non-reproductive cells.

C. Tetra was cloned using a simpler method - embryo (胚胎) splitting in 1996.

D. Zhong Zhong, Hua Hua and Dolly were cloned using the similar technology.

27. Monkeys are more suitable to be tested on than mice because _____.

A. testing on monkeys can save time and cut down experiment costs

B. monkeys and Humans are much more closely related

C. testing on mice may have severe side effects on them

D. monkeys are more useful in testing drugs for all the diseases

28. "This" in the last paragraph refers to _____.

A. the United States, Japan and European countries' catching up to China

B. China's cloning the first monkey using non-reproductive cells

C. the monkey cloning technology is made public

D. China has achieved a lot in neural mapping of primate brains

C

According to statistics released by the World Instant Noodles Association in November, sales of instant noodles in China fell by nearly 10 billion packages from 2011 to 2016.

In 2011, 48.38 billion were sold. This means that on average, every one of the 1.3 billion people in China consumed three packages of instant noodles a month that year, reported China Daily.

The change could be owing to the fact that instant noodles have failed to adapt to the changing taste of Chinese consumers, especially young people, who are the largest group of consumer of instant noodles, according to Beijing Youth Daily.

"It's been 10 years, but the taste of instant noodles is still the same. I just got fed up with them and no longer eat instant noodles." A man surnamed Hu, who works for an Internet company, told Beijing Youth Daily. He said that he had eaten a lot of instant noodles during his four-year college life.

Another reason could be the online meal ordering industry, which has greatly enlarged young people's choices beyond instant noodles, according to China Daily.

Almost 90 percent of students at Yangzhou University in Jiangsu province said they order online meals, often on a weekly basis, reported CGTN.

Online meal ordering services featuring convenience, quickness and different choices are replacing the competitiveness of instant noodles, Wang Yaohong, former vice-CEO of Baidu Waimai, told China Daily.

The rise of online meal ordering services shows that people have a higher demand for life quality and attach more importance to health and nutrition.

However, instant noodles won't disappear, although the market share will shrink. They will still be one of the foods familiar to many Chinese.

29. According to statistics _____ billion instant noodles were sold in 2016.

A. 38.38   B. 10

C. 48.38   D. 50.38

30. Online meal ordering services have the following features except _____.

A. different choices   B. quickness

C. higher quality   D. convenience

31. We can infer from the passage that _____.

A. not being able to meet the consumers' taste may account for the falling of the sales

B. all the young people eat instant noodles during their college life

C. the rise of online meal ordering services is the only reason for the sales falling

D. people pay more attention to nutrition and instant noodles will disappear one day

D

Images of a boy who arrived at school with a head full of icicles after walking more than 4 kilometers through the freezing snow has drawn widespread attention to children from poor rural families.

Wang Fuman, 10, was photographed by his teacher on Monday morning, and the picture quickly went viral after being shared on social media.

"He arrived with his hair and eyebrows completely frozen, sparking laughter among his 16 classmates," said Fu Heng, the school's principal, who uploaded Wang's image along with pictures of students with frostbite on their hands.

Fu added that his classrooms do not have heating due to a lack of funding.

Statistics from the Yunnan government show that eight of the province's 88 towns living under the poverty line are in Zhaotong. More than 1.1 million people were classified as impoverished (穷困的) , including 138,700 primary students.

After hearing Wang's story, the Yunnan China Youth Development Foundation launched a public donation campaign for children from poor families on Tuesday. It has promised to give each needy child 500 yuan ($75) to help them stay warm in winter.

Wang, who has been nicknamed "Snowflake Boy" by netizens, became an overnight sensation online. By Wednesday morning, his picture had been "liked" more than 260,000 times on Sina Weibo and shared more than 40,000 times.

Wang does not come from a well-off family. He lives in a mud hut and rarely sees his parents because they are migrant workers in other cities.

"I love school. We can have bread and milk for lunch, and we learn lots of things in class," Wang said.

His village now has electricity and tap water, "and my family is getting help to build a new house close to the school," he said. "I think our life will get better."

32. Which of the following words can be used to describe Wang Fuman?

A. Clever   B. Naughty

C. Optimistic   D. Pessimistic

33. Viral in the second paragraph can be replaced by _____.

A. bad   B. mad

C. wrong   D. widespread

34. Which of the following is NOT true?

A. Some people in Yunnan Province are still living under the poverty line.

B. The principal took the photo to draw public attention to his school.

C. But for Fuman's picture, attention won't be drawn to poor families.

D. The living conditions are very poor in Fuman's school.

35. Immediate action was taken to _____ after Fuman's picture was shared online.

A. equip the classrooms with heating and tap water

B. do something for children from poor families

C. give each needy child 500 yuan ($75)

D. help those migrant workers in other cities

第二节（共5小题，每小题2分，满分10分）

根据短文内容，从短文后的选项中选出能填入空白处的最佳选项，选项中有两项为多余选项。

Chinese people start their preparations for the Spring Festival more than 20 days ahead. The 12th lunar month in Chinese is called La Yue, so the eighth day of this lunar month is La Yue chu ba, or Laba. 36_____. The Laba this year falls on Jan 24th.

37_____.

Ancestor worship

At the end of the year, working people get more free time to prepare for the sacrifice to the ancestors. The reason the 12th lunar month is called La Yue has a lot to do with the custom of sacrifice.

First, the worship of ancestors, called "腊" in Chinese, and the sacrifice for the gods, called "蜡", both frequently took place in the 12th month, which led to the traditional name of the month: la yue. 38_____. The radical of "腊" represents the sacrifice of meat to one's ancestors ("月" symbolizes meat).

Laba rice porridge

The custom of porridge eating has been well known throughout history, from the royal court to common people. The most "authentic" porridge was made in northern China, especially Beiping, today's Beijing.

39_____. People also add sugar, red dates, lotus seeds, walnuts, chestnuts, almonds, longans, hazelnuts, raisins, red beans, peanuts, water caltrops, roseleaf and other various materials to make the porridge special.

Making Laba garlic

Making Laba garlic on the Laba Festival is a custom in northern China. The ingredients are garlic and vinegar. After peeling the garlic and putting it in a jar and filling it with vinegar (sugar can also be added), the rest time is to wait. Almost twenty days later, the garlic will become green. 40_____.

A. The Spring Festival is the most important festival in China.

B. People usually eat it together with the dumplings on the Spring Festival Eve.

C. Three major customs on Laba are ancestor worship, eating Laba rice porridge and making Laba garlic.

D. Second, winter is the relaxing season for farmers so they have time to find things to burn in the sacrifice.

E. The main ingredients of the Laba porridge are rice and sticky rice.

F. The day is also known as the Laba Rice Porridge Festival.

G. The Laba porridge is delicious and popular with people of all ages.

第三部分　英语知识运用（共两节，满分45）

第一节　完形填空（共20小题；每小题1.5分，满分30分）

阅读下面短文，从短文后各题所给的四个选项（A、B、C、D）中，选出可以填入空白处的最佳选项，并在答题卡上将该项涂黑。

One restaurant in India is bagging the idea of a traditional doggy bag.

Pappadavada, a popular restaurant in Kochi, is urging 41_____ and the community to put their leftover food in a refrigerator located outside the eatery for the 42_____ to take. People who are 43_____ of a meal are encouraged to take from the fridge at any time, for any reason.

Minu Pauline, who 44_____ Pappadavada, has nicknamed the fridge, which is shaded by a neighboring tree, "tree of goodness."

The fridge is open 24-hours a day, seven days a week and stays 45_____. Pauline asks that people write the 46_____ on the food, so those who take know how long it's been there.

But most food doesn't stay in the fridge for long. Despite a huge response from the community and 47_____ donations, the fridge needs to be restocked 48_____. Pauline herself 49_____ around 75 to 80 portions of food from Pappadavada a day in the fridge.

"There are days when I put 100 in it," she said. "There are no 50_____."

The 51_____ to put a fridge on the street came to Pauline late one night when she saw a lady 52_____ in a trashcan for food. She was especially 53_____ because that particular night, her restaurant had made a ton of food that they could've easily given the woman. The experience made her feel like she 54_____ waste.

"Money is yours but resources belong to society," she told HuffPost. "That's the 55_____ I want to send out. Don't waste the resource, don't waste the 56 _____."

On that same note, she does have one caveat (告诫) about the food people are donating to her 57_____.

"The only thing I want to 58_____ is that people are actually buying food and putting it in the refrigerator, and that's really 59_____. But I'd rather people put their 60_____ food they already bought but aren't going to eat in the refrigerator instead of the trash bin," she said.

41. A. passengers   B. customers
    C. shoppers   D. bosses

42. A. old   B. young
    C. poor   D. hungry

43. A. in help   B. in trouble
    C. in doubt   D. in need

44. A. runs   B. sells
    C. cleans   D. belongs

45. A. unknown   B. unpaid
    C. unlocked   D. unapproachable

46. A. date   B. place
    C. name   D. person

47. A. few   B. little
    C. ample   D. slight

48. A. frequently   B. regularly
    C. immediately   D. occasionally

49. A. takes   B. adds
    C. gets   D. decreases

50. A. questions   B. drinks

C. points

D. limits

51. A. idea

B. dream

C. hope

D. wish

52. A. collecting

B. tidying

C. searching

D. throwing

53. A. disappointed

B. excited

C. surprised

D. saddened

54. A. contributed to

B. related to

C. preferred to

D. offered to

55. A. news

B. message

C. advice

D. proof

56. A. money

B. water

C. food

D. electricity

57. A. customers

B. restaurant

C. family

D. fridge

58. A. encourage

B. discourage

C. urge

D. forbid

59. A. generous

B. selfish

C. childish

D. foolish

60. A. best

B. delicious

C. excess

D. necessary

第Ⅱ卷

第三部分　英语知识运用（共两节，满分45分）

第二节（共10小题，每小题1.5分，满分15分）

阅读下面材料，在空白处填入适当的内容（1个单词）或括号内单词的正确形式。

After hearing the 61_____ (music) display a wide variety of music styles ranging from pop to hip-hop to rock, Caramanica said，"there is nowhere Mars doesn't belong."

Mars won six awards at the American Music Awards on Nov 19, 62_____(include) Artist of the Year and Favorite Male Artist.

And unlike many of today's popular 63_____ (singer), Mars didn't get to where he is via 64_____ talent show or the Internet. After he 65_____ (leave) his hometown of Hawaii for Los Angeles 66_____ (pursue) his dreams at 17, Mars was rejected again and again for years. Before he was able to appear on stage, he had to prove 67_____ (him) by producing and writing songs for others.

So 68_____ does Mars owe his success to? "69_____ (spend) thousands of hours in a studio learning how to write a song, learning how to play different chords (和弦), training myself to sing," he said in an interview 70_____ US TV show 60 Minutes last year.

第四部分　写作（共两节，满分35分）

第一节　短文改错（共10小题，每小题1分，满分10分）

假定英语课上老师要求同桌之间交换修改作文，请你修改你同桌写的以下作文。文中共有10处语言错误，每句中最多有两处。每处错误仅涉及一个单词的增加、删除或修改。

注意: 1. 每处错误及其修改均仅限一词。

　　　 2. 只允许修改10处，多者（从第11处起）不计分。

Dear Jim,

I'm writing to tell you more about the new form of sharing bike mobike which is mentioned in your latest letter.

It's very conveniently to use if you have a smartphone. What you do it is find a nearest mobike through the APP or scan the QR code on the bike, and then you can enjoy your trip.

Comparing to other forms of sharing bike, the greatest advantage of mobike is that you can easily find one and never worry where to park it. It is becoming the new trend as a means of transportation, that relieves the traffic pressure and does good to the environment as well. It can also save times for users.

Hope to ride a mobike with me in China.

第二节　书面表达（满分25分）

假如你是李华，寒假陪父母参加了为期两周的国外旅游团。旅游过程中发现了很多令人不满意的地方。请你用英语给当地旅行社经理写一封电子邮件，反映存在的问题。内容包括：

1. 说明写作意图。

2. 反映的问题：吃的食物、住的旅馆、购物等。

3. 希望问题得到满意解决。

词数：100词左右。

Dear Manager,

_____

_____

_____

_____

_____

_____

_____

_____

心得体会篇

人才培养与教师的专业成长

——参加省级培训心得体会

1993年颁布的《中华人民共和国教师法》指出：教师是履行教育教学职责的专业人员，承担教书育人、培养社会主义建设者和接班人、提高民族素质的使命。教育工作即是教师的专门的职业。随着教育思想、教学观念、教材内容等的不断更新，教师的信息素养、知识结构，特别是专业知识也要不断随之更新。因此，教师在整个工作生涯中，要不断使自己的观念、情感、知识、技能等方面的专业素质向着更为符合教育教学规律的规范、标准、要求迫近，即尽可能由一位"普通人"变成一位"教育者"，由一位"低水平的教育者"变成"高水平的教育者"。教师专业成长的过程，是一个只有起点没有终点的、无止境的过程。提高教师专业成长的重要途径是实施"继续教育"，鼓励教师参加培训，进修提高。开展教师专业能力、技能的培训也是教师专业发展的一种非常有效的对策：教师工作和学习同时进行，通过专业知识的学习，获得丰富的相关知识；通过对实际问题的探究，提高发现问题、分析问题的能力。

培训是人才培养的一种方式。我虽然算不上人才，但是有幸参加了几次省级培训，每次培训归来都感慨万千，觉得自己受益匪浅。现在，我谈谈自己参加培训后的几点心得体会。

作为现代教师，我们应该是学习型的教师。教师的专业成长，最重要的是必须有自我更新知识、终身学习的意识和自觉学习的意识。只有不断学习，才能不断进步。参加培训是教师学习的绝佳机会。教师在学习过程中可以充分享受到收获知识的无穷的乐趣和无尽的精神财富。

一、丰富理论知识

现代教师应该具有"活到老，学到老"的终身教育观，从各个方面提高自身的理论素养。在每一次的学习培训中，我们都可以与国内著名的教育教学专家们进行面对面的交流。专家们毫无保留地向我们传授他们自己多年来积累的教育教学经验和教育教学理论，我们则贪婪地吮吸着专家们的教育教学精华，认真学习、研究教育教学专家们给我们带来的最前沿的教育学、心理学、教学法等教育理论知识，从而用以指导我们的教育教学实践，并在教育教学实践中创造性地将教育理论知识转化为教育技能、技巧，提升自己的教育教学艺术。

二、交流教学心得

在现代社会中，学校教育任务不可能由个别教师完成。只有在集体中，一个人才能获得全面发展其才能的机会。集体的、其他教师的经验教训，都可以转化为自己的精神财富。现代教师应该加强与其他教师的沟通，相互了解、相互尊重和相互学习，取人之长，补己之短，共同完成教育教学任务。因此，我们教师应该具备良好的个性特征和协作精神，教师之间可以分担难题，共享成果。而培训正是可以给我们提供相互学习交流的绝佳平台，尤其是省级培训，参加培训的学员都是来自全省各市县的优秀人才。在参加培训的课堂上，学员可以有机会畅所欲言地发表自己有关教育教学改革、课程改革、教育教学科研、学生创新精神培养、生本教育、素质教育与应试教育等的看法；也可以向专家提出自己在教育教学工作中的疑惑。更可贵的是，培养指导中心每次会从基层学校请到一些教育教学一线的校长或优秀老师给我们谈他们的教育教学经验心得，给我们带来了新的教育教学理念；我们也有机会深入到一些教育教学有特色的学校，进入到他们的课堂，直接体验和分享他们改革创新的成果。在培训之余的休息时间，我们还可以相互交流取经。培训完后回到自己的工作单位，我们仍然保持联系，教育教学经验、心得、资源等各方面都可以互通有无，达到资源共享的目的。

三、学会反思得失

现代教师应该经常进行教育教学等方面的反思，反思自己在教育教学实践中的得与失。以前，我的反思只是停留在上完一节课后对课堂教学进行肤浅的反思上，只关注着这节课是否实现了预期的目标，是否完成了要教学的内容。通过参加专题培训以后，我才真正知道了我们应该如何进行反思，反思什么样的教学才算是有效教学。一节课上完后，我会经常对自己提出一些问题：这节课疏于课堂管理了吗？这节课以教代学了吗？这节课教与学的时间分配合理吗？教学环节的展开序列科学吗？向学生提了多少思考性的问题？学生的学习机会分配均衡吗？布置作业时是否只注重数量而不注意分层次而导致不求质量？只有通过经常主动地进行教学反思，在课堂教学中，我们才会不断地改进自己的教学方法，注重调动学生的学习活动，让学生明确学习目标，不断获得成就感，对学习活动本身产生兴趣，在思考状态下学习；只有通过经常主动地进行教学反思，我们才会主动地去改造学生的学习内容，备课时或补充或删减或拆分或整合学习内容；只有通过经常主动地进行教学反思，我们才会在教学过程中注重学习方法的指导，让学生在学习活动中具有科学的识记理解的方法、分析判断的方法、运用迁移的方法、调控情绪情感的方法，以及甚至是应试技能技巧的方法；只有通过经常主动地进行教学反思，我们才会在布置作业时，考虑各个层次学生的能力而提供基础性作业和选择性作业。

四、提高教研能力

现代教师应该积极开展开发教育教学等方面的校本研修，以及主持教育教学科研课题，积极进行教育教学论文的撰写，不断总结经验，开拓创新。通过不断参加培训，经常观察和总结自身的经验教训，积极主动地进行课题研究，把积累的教学经验撰写成论文，教师既可以提升自己的教育教学理念和课堂实践能力，形成自身的特色，又可以提高自己的教研能力，在校内发挥"传帮带"的辐射作用。以前，我总是处于一种一心想做点什么，但是苦于找不到研究的方向和手头没有可以研究的课题而苦恼的状态。参加培训后，经过教育教学专家们的指点迷津，结合自己的教学实践，我的教研能力有了很大提高。一方面，我根据实际情况给自己制订了个人专业成长计划。在专家教授的指点下，我能结合自己的教育教学实践，撰写教育教学论文、教学案例、教学心得等，并积极地与本校甚至外校的同行们交流探讨；主持省级课题《中学英语词汇运用与研究》和校本课题《利用新概念英语对学生进行听说读写训练》，带头上好校本课题的示范课，组织课题组成员探讨教学模式，加强合作与交流，以达到共同提高的目的；编写校本课程并且撰写论文，从中提炼出适合本校教师和学生的教学理念和对策便于他人借鉴。另一方面，作为学校的教研组长，组织建立了促进本学科组教师专业成长的校本制度，利用学科组教研活动时间，经常进行本学科教师专业能力、技能的学科培训，在本学科组内营造学习、研讨、交流、合作的教研氛围，优化本学科组的教研活动，力争做到教研活动专题化、多样化、全员化、成果化、制度化、精细化和理性化，使得"教研"真正"活动"起来。

现在，我们校内本学科组活动丰富多彩。各年级的第二课堂活动开展得有声有色；竞赛辅导和基础辅导活动有计划、有目标、有针对性地进行；学校每年一次的优质课比赛活动全员积极参与；学校教学开放日活动中推荐课质量优良；各备课组活动和集体备课制度化、常规化；有效课堂教学研讨深入常态课堂；各位教师积极进行校本课题和校本课程的开发，并且进行阶段性的成果展示和工作总结。经过"二次"培训，全学科组成员都在教研活动体验中获得了认识的飞跃和精神的升华，受益匪浅。

五、提升专业素养

在素质教育和新一轮课程改革深入推广的背景下，教师专业素养发展的问题成为人们关注的焦点。教师是学校教育教学成败的重要的因素之一，教师的素养是教师的"立身之本，成事之技"。但是，教师的知识不是一次成型的，作为教师，应该适应形势的要求，不断提升自己，树立终身学习的理念，强化教师专业素养。现代教师通过参加各种形式的专业培训活动，可以把握更多的学习和自我完善的机会，改变学习方式和工作方式；也可以通过不断的学习，努力提高自己的专业素养。

我每次参加完省级培训回到学校，总是把学习内容进行整理，然后反思这次学习到的新的理论和进行交流探讨的新的教育教学方法、理念，可以怎样运用到我的教育教学实践中。比如，听完华南师范大学郭思乐教授的"生本教育"实验理论和到广州市天河区华阳小学实地参观后，我深切地体会到，原来我的教育教学中"密插秧"式的、"保姆"式的"苦教"抵不过看似轻松悠闲的"不教"。郭思乐教授的关于"什么是教学"的回答令我茅塞顿开：如果你告诉学生，3乘以5等于15，这不是教学；如果你说，3乘以5等于什么？这有点像教学；如果你说3乘以5等于14，那就是教学了。这时候，打瞌睡的孩子睁开了眼睛，玩橡皮泥的孩子也不玩了。他们会找各种办法来验证3乘以5等于15而不是等于14。夸美纽斯在他的《大教学论》中这样阐述其教育理想："找出一种教育方法，使教师因此可以少教，但是学生可以多学；使学校可以因此少些喧嚣、厌恶和无益的劳苦，独具闲暇、快乐和坚实的进步。"郭思乐教授的"生本教育"理论不正是这种教育理想的体现吗？无数实例证明，"生本教育"理论给教师和学生带来了教与学的快乐。我为什么不在自己的教育教学实践中体验这种快乐呢？于是，很多时候，我的课堂上不再是我"挥汗如雨"了，取而代之的是学生争先恐后地上台进行展示；我的课堂不再是"鸦雀无声"了，教室里到处可见的是四五人因某个问题面红耳赤的争论；我的课堂不再是"密密麻麻的插秧"了，而是看似歪歪扭扭的"抛秧"，让学生有足够的空间自由欢快地生长着；我的课堂不再是"唉声叹气、睡倒一片"了，你可以看到的是学生上演的精彩"话剧"。我一直努力着，想让自己的教学达到"不教而教"的最高境界。

参考文献

［1］桑龙扬，梅龙宝.中小学外语教师培训与电子行动学习［J］.中小学英语教学与研究，2004（9）.

［2］金诵芬.提升高中英语教师教学理念和课堂实践能力［J］.中小学英语教学与研究，2010（6）.

［3］郭思乐.教育走向生本［M］.北京：人民教育出版社，2001.

［4］郑金洲.新课程课堂教学探索系列：合作学习［M］.福州：福建教育出版社，2005.

［5］梁永丰.中小学教师专业成长的几个问题［DB/OL］.百度文库，2009.

本真教育，素养课堂

在研修中成长，砥砺前行

——清远市名师工作室终期考核汇报

清远市名师工作室自2013年3月19日在原清远市田家炳实验中学挂牌成立以来，在市教育局教研室工作人员的引领下，在学校领导的重视、帮助和全体成员的共同努力下，以科学发展观为指导，立足实际聚焦高中英语课堂，积极主动地开展英语教育教学研究，加强学科教学教研团队建设，重点解决英语学科教学难题，发挥交流研讨、示范引领作用，为高中英语教学做出了一些新的尝试和努力，并取得了一定的成绩。整个团队共同经历了教学生涯中生动的行动研究的探索，战胜了工作、学习和教研中的种种困难，体验了不同阶段成长的快乐，收获了令人激动的真实感悟，在三年的工作中砥砺前行。

一、详细拟订工作室方案，顺利开展各项专题活动

为落实清远市名师工作室（以下简称"工作室"）建设的要求，结合英语教师工作室建设的实际，我们拟订了详细的建设方案。

一是明确了组织机构：由清远市第二中学朱活强校长、清远市第二中学潘新南副校长、清远市第二中学教研室主任刘桂梅、清远市第二中学教研室副主任杨铁初等担任顾问，导师团队由清远市第二中学若干英语科骨干教师组成，有吴碧华老师、陈丽君老师、仝新华老师，中期吸纳了年轻优秀英语教师黄宝仪为学员。这是一个年轻的、有活力的、经历和经验都很丰富的、有着坚强后盾的研修团队。

二是明确了工作室的工作目标：努力创造学习型、研究型工作室，努力使成员成为学习型、实践型、研究型、信息型老师，发挥引领和辐射作用。

三是明确了工作室的三项重点工作职责：指导和培养骨干教师、开展学科教学或专题研究、进行课题研究与课题指导。

四是明确工作室的具体工作措施、工作方式、每个成员的具体职责和考核及建设保障机制等。

在工作室的建设方案、规章制度、考核方案的指引下，在市教育局和教研院的领导下，在学校领导坚强后盾的保障下，工作室的各项工作如期顺利开展。

二、突出抓好实践磨炼，积极开展教学课题研讨

三年来的教学和课题研究（省级、市级和校级）带给我们不少欣喜与思考，磨课不断带给我们反思与积淀。通过课堂有效备课、有效指导、有效互动、有效管理和有效评价，我们构建了高中英语阅读、词汇、写作、高考备考"一轮""二轮"复习等课堂策略。我们相互观课议课、提出问题、修改教案、反复听课讨论。不断地反思与讨论会让我们的教学目标更清晰、教学管理更科学、课堂互动更有效，这就是我们教学和课题研究的真实过程。

2013年3月，工作室挂牌成立之初即对周期的研究方向及任务目标进行了专门讨论研究，并做了申报课题的准备工作。

3月27日，工作室组织了市田家炳中学及市华侨中学的高三英语老师、英语教研组长及工作室全体成员到市华侨中学参加赵海老师的教学观摩课，并进行评课交流，还就"如何评价一节高中英语示范课"进行了专题培训。

4月10日，在市华侨中学组织了同课异构活动，由清远市田家炳实验中学的张伟娟老师和华侨中学的杨红英老师执教，邀请了市教育局教研室利月清老师参加并作指导。在此次活动中，还就"高三二轮复习"进行了专题培训。

5月3日，组织工作室成员参加了在清远市田家炳实验中学由李有先老师、陈丽君老师执教的广州二模写作评讲、构词法教学等观摩研讨活动。

11月14日，组织成员参加了在清远市二中由胡翠娥老师执教的观摩研讨活动，提出课题研讨方向"依托教材单元话题，提高学生的写作水平"。

2014年1月，由吴碧华老师在清远市二中上了一节高三一轮复习的观摩研讨课。在说课、评课结束后，进行了"高三一轮复习"的研讨。

3月，由胡翠娥老师在清远市二中上了一节课题研究示范课，正式开始省级课题"依托教材单元话题，提高学生写作能力"的研究。

4月24日，由全新华老师给高三学生上了一节"读写任务"评讲展示课例，全校高三年级老师参与并对"如何指导学生进行读写任务专题训练"进行研讨。

10月16日，由张伟娟老师给高三学生上了一节基础写作评讲课。市教研院利月清老师亲临指导，并对"如何备考高考英语基础写作"提出了宝贵建议。

2015年3月19日，由胡翠娥老师给高二学生上了一节市级课题"高中英语2+2+2写作模式探究"示范课，并对如何开展课题研究进行了工作布置。

3月30日，由全新华老师给高三学生就"Healthy eating"话题上了一节课题研讨课。

4月3日，由张伟娟给高三学生上了一节二轮写作专题训练的研讨课，市教育局教研室利月清老师亲临指导，并对高三年级的备考工作提出了宝贵的意见和建议。

9月10日，由胡翠娥老师在市华侨中学给高一学生上了一节Reading展示课，受到学生和听课老师的一致好评。

11月24日，黄宝仪老师在市直片区高一年级教研活动中上了一节Reading研讨课，受到听课老师的一致好评。

接下来，工作室和课题组成员全新华、张伟娟、吴碧华、吴春茂、饶盛红等老师分别进行了课题研究观摩、研讨和展示课例。每次的研讨活动，都会围绕展示的课例，结合在课题研究过程中遇到的问题进行讨论，使得过程中的问题及时得到解决。

除了工作室组织的同课异构活动和观摩课活动以外，工作室主持人与成员，成员与成员之间还能相互学习、听课并进行交流。在讨论中，我们欣喜地发现，成员们比以前活跃多了，话题的展开往往都会引发彼此间思维火花的碰撞，产生心灵的共鸣，大家相互学习，真诚交流，分享智慧，共同提高，在付出与收获中获得了感悟与提升。

三、自觉进行理论学习，努力提高理论素养

先进的教育教学理论是英语教育学习和教研工作的先导。工作室在学校领导的大力支持下，购得教育教学类专业报刊和书100余种。一年来，读书学习已成工作室成员的自觉习惯。大家都能妥善处理好工学矛盾，坚持理论联系实

际，善于结合工作问题、实际问题和真实问题进行系统思考，努力做到学以致用，并将自己的教学实践提升为自己的教学经验，甚至形成教学理论，为工作室成员的可持续发展奠定了坚实的基础。

成员们能利用教学之余的时间来读书学习，每次学习后，我们都会完成一定量的文字作业。在百忙中抽出时间啃书本、查资料，潜心研究、认真分析。通过近三年的学习与实践，学员们逐步提高了对新课程理论的理解与认识，提高了对有效课堂的实践与反思。他们写了读后感、学习心得体会、教学反思、学科教改方案、工作学习计划总结、教学评课、教学案例、教学随笔、学习感言以及教育教学论文。能够客观审视教育教学现象，反省教育教学实践中出现的问题，积极寻求解决问题的有效策略，找准突破口，使教学在教育理论的指引下提高到一个新水平，力求使英语教学具有创造性和艺术性。

工作室还努力营造乐于沟通、充分信任、团结协作、求实向上的良好学术研究氛围。我们工作室是一个和谐、团结、奋发向上的团队，大家非常珍惜难得的学习机会。学习研究认真努力、自觉性很强。工作室各位成员除了坚持自学外，还能把每一次教研教学活动当作学习提高的机会。每一次活动，大家都很守时、很认真、很负责、很务实，能围绕学习主题和研讨课题，认真展开讨论、交流学习心得，进行思维和思想的碰撞。

四、落实QQ群、微信群、博客建设，提升辐射、引领效率

工作室成立之初，就开始注重新平台建设，成立不久就建立了QQ群、微信群和开通了博客，并充分利用这些交流空间、辐射平台，追求实用与高效。包括工作计划、教学观摩、说课评课、总结交流和工作布置等都能通过这一工具高效沟通：有关资料能及时上传，有关信息能及时进行交流、品鉴和分享。

工作室的成立与运作，为成员、团队搭建了一个施展才华的平台，也为自身发展提供了学习和实践的机会，创设了一种相互支持和相互协作的学习研究环境，从而发挥教学示范和辐射作用。

五、取得的成绩与存在的问题

1. 共同努力，硕果累累

工作室全体成员每次都能积极认真地参加活动，收获良多。每一位老师

都能主动承担教学观摩课任务，精心准备设计和呈现有特色的精彩课堂，为全市老师呈现了精彩的高三一轮和二轮复习课、Reading示范课、Writing专题研讨课等。各位成员能认真完成作业并及时提交，涌现出很多精品课件、教学设计、教学案例、教学反思等。各位成员在自己的岗位上尽职尽责，在学校获得各种荣誉称号，撰写论文在各级各类报刊发表或获得各类论文评比奖项（见文后附表）。

工作室主持人胡翠娥老师，获得了"清远市首批名教师""广东省特级教师"等荣誉称号；成员吴碧华老师成长为清远市和广东省骨干教师，竞岗成为学校教研室副主任；张伟娟老师成长为广东省骨干教师；陈丽君、仝新华、黄宝仪等老师都是学校骨干教师、优秀教师。

工作室让我们拥有了一拨志同道合的伙伴，真诚温暖的朋友。我们的团队是率直、真诚、宽厚、睿智、合作的团队。思维碰撞，困惑分解，智慧共享。我们用我们有生命力的课堂，赞赏激励的语言，温暖关爱的心，无私奉献的精神，为教育事业无私奉献！

2. 教育是一门永远有遗憾的艺术

工作室主持人和成员都是学校一线骨干教师，工作繁重。所有成员都要承担两个班的教学任务，陈丽君、黄宝仪、张伟娟、仝新华老师兼班主任工作；胡翠娥、吴碧华老师兼学校教研组长和备课组长及市高三英语备考工作室成员。因此，开展活动的最大障碍是时间。研修与工作，他们一直在尽自己最大的努力，但由于精力、时间有限，有些成员们灵动的机智、涌泉的思路，无暇记录整理，留下了许多遗憾，期待着在以后阶段的研修活动中弥补与总结。

最后，我代表工作室全体成员再次感谢市教育局领导的关心和支持，感谢市教育教学研究院领导的帮助与指导，感谢学校领导的全力支持与协助。让我们一起为不断实现教育的梦想而努力，砥砺前行！

附：具体成果详见后附3个表格

2013年—2015年工作室成员获奖情况一览表

姓名	奖项	时间
胡翠娥	广东省特级教师	2015年
	清远市名教师	2015年
	国家级课题优秀研究员	2014年

姓名	奖项	时间
胡翠娥	清远市英语高考备考工作室成员	2015年
	最受学生欢迎教师	2013—2014年度
	优秀教师	2013—2014年度
	主持的校本课题结题	2013年
	优秀教研组长	2013年
陈丽君	优秀党务工作者	2013年
	优秀教师	2013—2014年度
	优秀教师	2014—2015年度
仝新华	清远市高中英语优秀课堂录像课	2012年
	优秀教师	2014—2015年度
	国家级课题优秀研究员	2015年
张伟娟	优秀教师	2013—2014年度
	优秀教师	2014—2015年度
吴碧华	清远市英语高考备考工作室成员	2013—2015年
	国家级课题优秀研究员	2015年
	优秀教师	2013—2014年度
	优秀教师	2014—2015年度
	优秀指导教师奖	2014—2015年度
黄宝仪	优秀教师	2014—2015年度

工作室论文发表或获奖情况

序号	工作室主持人	论文名	撰写人	发表刊物（等级）	刊物等级
1	胡翠娥	如何设计学生感兴趣的英语作业	胡翠娥	市优秀论文一等奖	市级
2	胡翠娥	依托教材单元话题，提高学生写作能力	胡翠娥	市二等奖	市级
3	胡翠娥	情商激励在高中英语教学中的运用	胡翠娥	校一等奖	校级
4	胡翠娥	优化学生学习状态，提高学生学习效率	胡翠娥	市一等奖并发表在《清远教研》	市级
5	胡翠娥	如何有效批改高中英语作文	胡翠娥	市优秀论文一等奖	市级
6	胡翠娥	探索提高高三英语后进生基础写作能力的有效途径	吴碧华	市优秀论文一等奖	市级

本真教育，素养课堂

序号	工作室主持人	论文名	撰写人	发表刊物（等级）	刊物等级
7	胡翠娥	课堂教学中促进学生发展的多种评价方式	陈丽君		校级
8	胡翠娥	以生为本，谈高中英语课堂教学的有效性	陈丽君	《中学英语园地》	省级
9	胡翠娥	高中英语词汇教学	陈丽君	市优秀论文三等奖	市级
10	胡翠娥	优化作文框架，打造高分读写任务	杨红英	区优秀教育教学论文三等奖	县级
11	胡翠娥	浅析如何突破高考英语听说能力的训练	张伟娟	《中学生英语》	国家级
12	胡翠娥	点、线、面相结合的单元话题写作模式探讨	张伟娟	市优秀论文一等奖	市级
13	胡翠娥	高中英语学困生写作之初探	仝新华	市优秀论文二等奖	市级

公开课

序号	工作室主持人	授课教师	授课教师单位	讲课内容	授课地点	公开课类型	等级	参与群体及人数	时间
1	胡翠娥	赵海	市华侨中学	阅读理解专题	华侨中学	观摩课	市级	市华侨中学和市田家炳实验中学全体高三老师工作室成员	2013年3月27日
2	胡翠娥	张伟娟	市二中	语法填空专题	华侨中学	同课异构	市级	市教育局教研室利月清老师、市华侨中学和市田家炳实验中学全体高三老师工作室成员	2013年4月10日
3	胡翠娥	杨红英	市华侨中学	语法填空专题	华侨中学	同课异构	市级	市教育局教研室利月清老师、市华侨中学和市田家炳实验中学全体高三老师工作室成员	2013年4月10日
4	胡翠娥	李有先	市田家炳中学	试卷评讲	市田家炳中学	观摩课	市级	市田家炳实验中学全体英语老师、工作室成员	2013年5月3日

心得体会篇

序号	工作室主持人	授课教师	授课教师单位	讲课内容	授课地点	公开课类型	等级	参与群体及人数	时间
5	胡翠娥	陈丽君	市二中	构词法	市田家炳中学	观摩课	市级	市田家炳实验中学全体英语老师、工作室成员	2013年5月3日
6	胡翠娥	胡翠娥	市二中	Language points	市二中	示范课	市级	市二中全体英语老师及工作室成员	2013年11月14日
7	胡翠娥	吴碧华	市三中	一轮复习	市二中	观摩课	市级	市二中全体英语老师及工作室成员	2014年1月2日
8	胡翠娥	胡翠娥	市二中	Writing	市二中	示范课	市级	市二中全体英语老师及工作室成员	2014年3月13日
9	胡翠娥	仝新华	市二中	写作评讲	市二中	观摩课	市级	市二中全体英语老师及工作室成员	2014年4月24日
10	胡翠娥	张伟娟	市二中	写作指导	市二中	观摩课	市级	市教研室利月清老师、市二中全体英语老师及工作室成员	2014年10月16日
11	胡翠娥	胡翠娥	市二中	课题课例示范	市二中	示范课	市级	市二中全体英语老师及工作室成员	2015年3月19日
12	胡翠娥	仝新华	市二中	课题课例	市二中	研讨课	市级	市二中全体英语老师及工作室成员	2015年3月30日
13	胡翠娥	吴春茂	市二中	Writing	市二中	课题研讨课	市级	市二中全体英语老师及工作室成员、课题组组员	2015年4月2日
14	胡翠娥	张伟娟	市二中	基础写作评讲	市二中	研讨课	市级	市教育局教研室利月清老师、市二中全体英语老师及工作室成员	2015年4月3日
15	胡翠娥	吴碧华	市二中	Reading	市二中	展示课	市级	全市市直片区英语老师	2014年12月
16	胡翠娥	胡翠娥	市二中	过程性写作训练	市二中	研讨课	市级	市二中全体英语老师及工作室成员	2015年8月
17	胡翠娥	胡翠娥	市二中	Reading	市侨中	展示课	市级	市二中全体英语老师及工作室成员	2015年9月10日

序号	工作室主持人	授课教师	授课教师单位	讲课内容	授课地点	公开课类型	等级	参与群体及人数	时间
18	胡翠娥	张伟娟	市二中	备考全国卷写作	市二中	研讨课	市级	市二中全体英语老师及工作室成员	2015年11月12日
19	胡翠娥	吴碧华	市二中	备考全国卷写作	市二中	研讨课	市级	市二中全体英语老师及工作室成员	2015年12月10日
20	胡翠娥	黄宝仪	市二中	Reading	市二中	研讨课	市级	市直片区高一英语老师	2015年11月24日
21	胡翠娥	李澜	市二中	Reading	市二中	优质课	校级	全校英语老师、优质课比赛评委	2015年12月2日
22	胡翠娥	胡翠娥	市二中	Writing	市侨中	汇报课	市级	市二中全体英语老师、市首批和第二批工作室（英语科）主持人及其工作室成员、市高中英语教师代表	2015年12月31日

心得体会篇

用心耕耘，把心放在教学上

——对高中英语教学工作的反思

从教20多年以来，我全面贯彻教育方针，忠诚教育事业，教书育人，为人师表。1992—1996年在初中任教，1996年至今在高中任教。我一直坚持的信念是"用心耕耘，把心放在教学上"，一直坚持的观点是"教师不仅是我的职业，更是我的事业"。

曾听一个专家说过：一个教师的成长＝经验＋反思；一个人或许工作20年，如果没有反思，也只是一年经验的20次重复。没有反思，就不会有成长！

回顾20多年的教学实践，我深深领会到成功教学是需要"心"的付出。

一、潜心阅读，不断提升自己

随着教育思想、教学观念、教材内容等的不断更新，教师的信息素养、知识结构，特别是专业知识也要不断随之更新。教师在整个工作生涯中，要不断使自己的观念、情感、知识、技能等方面的专业素质向着更为符合教育教学规律的规范、标准、要求迫近，尽可能由一位"普通人"变成一位"教育者"，由一位"低水平的教育者"变成"高水平的教育者"。为了实现这一转变，我利用业余时间通读各类中外教育教学专著和教育教学报纸期刊，精研了先进的教育思想和教学经验，掌握了系统的教育教学理论，博采众长，同时又自成风格。

除了阅读教育教学专著和期刊外，我还精读了不同时期的《课程标准》《教学大纲》、教材及相关知识，对教学内容非常熟悉。能根据不同情况灵活处理教学中遇到的问题，科学取舍教学内容，选择最佳教法，使教育教学工作得心应手。

为了提高自身专业素质，我珍惜每一次提升专业水平的学习机会，不断更新和充实自己的专业知识以适应飞速发展的社会，为社会培养更多有较高素养的学生。

二、用心探索，寻求教学策略

用心，体现了好教师最基本的素质。教师教学用心，才能让学生开心，让家长放心。用心去做一名优秀的人民教师是我不懈的追求。

在教学实践中，我始终不懈地探寻最适合学生的教学策略。

在起始年级，我关注的是学生词汇的积累，因为学习英语的主要用途之一是获取信息和处理信息。谁的英语词汇量大、词汇掌握得好，谁的英语综合运用能力就强。当发现相当多的学生词汇量很小，有的学生单词记忆是吃力不讨好，即记即忘，我即进行"高中英语词汇有效教学探究"（省级课题）的研究，首先对学生进行一次词汇学习方面的问卷调查。统计显示，71.8%的学生认为英语词汇难记，92.7%的同学希望得到词汇学习策略的指导。通过调查，不难看出，大部分学生学习词汇的态度及方法，还只停留在书本和课堂上，不会主动运用一些词汇学习策略。我对症下药，指导学生学习艾宾浩斯遗忘规律，恶补单词音标拼读，掌握拓展词形词性，联想近义、反义及一词多义，进行分类归纳等策略。使学生学习词汇由"事倍功半"变成"事半功倍"，并由此及彼，记忆其他知识，养成主动学习的习惯。

三、专心钻研，改革优化教学

我从来不甘于做一名普通的"教书匠"。经常专心钻研《英语课程标准》，研究英语教学动态，把握英语教学的发展方向，大胆创新，进行教改探索。

2013年任教的两个班级，课堂气氛很活跃，学生也能大胆进行口头表达，有时还争先恐后地去做daily report。但是，相当多的学生书面表达能力极差。据此，我进行"高中英语2+2+2写作教学模式的探究"（市级重点课题）的研究，依托教材单元话题，对学生进行写作训练，以提高学生的写作能力，还撰写了论文《依托教材单元话题，提高学生的写作能力》，编写了《课堂教学案例》作为校本教材在全年级范围推广使用。

为了强化写作教学的过程性教学，我还组织学生以单元话题词汇、句型和学生原创话题作文为内容制作手抄报，每次评出一、二、三等奖，优秀版面奖和优秀英语字体奖，优秀作品在校园张贴展示。手抄报可以独自完成，也可以两人或三人合作完成。这样，最大范围地激励学生参与英语活动，人人都有展示的机会，同时也培养了学生的合作精神。

为了让学生体验成功，我还组织课题组老师向学生征集优秀作文，定期汇编优秀话题作文集。我自费印制学生优秀作文集，给课题组老师和交稿学生人手一本。学生拿到收有自己作品的作文集，喜悦之心溢于言表！这样，大大激发了学生写作的欲望。

针对高中英语作文教学负担重的普遍情况，通过分析论证，我进行"高中英语作文评改方法"探究，根据不同时期、不同学生、不同复习进度，采用粗改（只给分）、细改（用符号标出错误之处）、学生相互改（符合全国卷短文改错题型）、专项改（语法专项复习时采用）、面批等方法，做到因人因时制宜，因材施教。

这些教研教改活动，符合学校和学生的实际情况，符合教育形势发展状况，遵循教育教学规律，深受学生欢迎，取得了丰硕的成果，给校内外教师树立了良好的榜样。

四、醉心教坛，勤耕学生心田

教师的工作对象是学生，面对的是各种各样的学生，需要了解的是心，所以，更需要教师醉心耕耘，才会有最大化的收获。教师职业的最大特点在于职业角色的多样化，其中就有父母与朋友的角色。教师既要像父母一样关心、爱护自己的学生，保证其生理需要的满足，又要像朋友一样与学生进行思想交流、情感沟通和人格碰撞。在多年的教学实践中，我一直坚持首先把学生当作自己的子女、兄弟姐妹，然后是朋友，最后才是学生。在与学生第一次见面的第一课时，我即告知学生"I am glad to be your teacher as well as your mother, sister and friend."学生平时会亲切地称呼我Mother Hu，我在课堂提问时，也不会直呼学生姓名，而是叫他们的English name或昵称（小名）。我在学生回答问题时，不是"高高在上"地站在讲台，而是走到学生的身旁，微笑地提示或用目光给予鼓励。这样无形中缩短了师生间的距离，消除学生害羞胆怯的不良心理。

在向学生提问时，我不会经常叫那些能说会道的、积极举手的学生发言，而是根据问题的难易程度叫那些内向的或成绩较差的学生，而他们经过自己考虑或教师鼓励、提示后往往都可以正确回答问题，体验成功，这样就激发了学生参与课堂活动的热情。在设计课堂教学任务时，坚持"教学是人的活动，人的因素成为英语课堂教学设计的基本依据"。站在学生的角度，根据学生所处的社会背景、生活环境、思想状况、认知水平、兴趣爱好等，创设真实的交际情景，不仅扮演助学者、任务组织者的角色，而且扮演学生伙伴的角色。

我在教学实践中还善用激励机制，利用在课堂上、作业本上、QQ聊天时、教室英语角等一切机会，激发学生学习，孜孜不倦耕耘心田。

五、虚心反思，展望美好未来

在20多年的教学生涯中，我总觉得有太多未尽人意的地方，难怪有人说"教学就是一门遗憾的艺术"。

1. 如何实现个性化教育

我知道，在教育教学过程中，教师面对的是一个个活生生的人，他们各有不同的兴趣、爱好、才能、性格等，而个性在具体实施教育教学过程中是不可忽视的重要因素。只有根据学生已有的知识、经验、能力水平，以及兴趣、爱好、才能、性格上的个别差异，发扬个性中的积极因素，因人而异、因人制宜，才能使其自由地、充分地、和谐地获得个性的发展。我在课前预习设计、课堂教学设计、课后作业设计等环节都会考虑学生的个性差异，A班和B班不同，同一个班A、B组和C、D组不同。在课后辅导时，也注重"一对一"的个性辅导。

但是，有时候为了盲目地追求教学进度的完成和分数指标的达成，会"强迫"学生完成一些超出他们知识基础、能力水平的任务，忽视学生的个性因素，从而造成有的学生为了完成老师布置的任务而弄虚作假的现象，有的学生甚至对英语产生恐惧心理而逃避学习，这严重影响了学生的优良品质的形成和学科能力的发展。

2. 如何实现教学效益最大化

《高中英语新课程标准》必须面对的一个问题，就是如何使课堂教学效益最大化，教学质量和效益的高低决定了基础教育课程改革的成败。深入课堂教学有效性的研究，探求课堂教学改革的生长点，在课堂中研究、在课堂中发展、在课堂中生成、在课堂中反思，树立科学的质量观和效益观，将先进的课堂教学理念最大化地转化为教师的教学行为，是教学理论和实践长期研究的一个永恒主题。在课堂教学改革过程中要学会既"入模"又"出模"。

我在多年的教育教学研究中，虽然进行了各种研究方法，诸如利用《新概念英语》进行听、说、读、写训练模式和词汇教学模式，写作教学模式等的探究，带领工作室和课题组成员把实用的教学模式引入了课堂，但是团队成员甚至自己在结合工作实际、结合学生的实际进行拆解模式方面不够灵活，运用模式略显生硬，没有最好地达成"每一节课都充满生命的活力和灵性""师生共同成长、教学双赢"的目标。因此，在实现课堂教学效益最大化方面，我仍需努力。同时，我还要努力把科教研成果推广出去，使本校、本市的教学教研水平不断提高。

教育教学理论和实践的研究是教育教学工作永恒的主题。在《课程标准（2017年版）》和教育教学理念的引领下，在现代信息技术的应用普及，学生学习环境大为改观的大环境下，要实现"教材的作用由作为学习对象转变为学习者获得知识与技能，发展认识的学习资源；教师角色由教材的讲解者、传授者转变为学习的指导者、活动的组织者；学生地位由被动的接受者转变为学习活动的参与者、探究者、意义建构者；多媒体功能由知识展示工具转变为学习认识工具，学习方式由传统的'一套教材读到老'转变为资源利用的学习，即利用数字化资源进行情境探究学习"，运用现代教育技术促进教育教学改革，这是教育发展的趋势。

展望美好未来，我将一如既往地"把心放在教学上"，顺应教育发展潮流，遵循教育教学规律，以特级教师评选条件"师德的表率、育人的楷模、教学的专家"作为发展方向，尽力做好本职工作，在提高自己的教育科研水平的同时，以更宽的视野、更高的境界审视自己，把自己成功的经验推广出去，扩大社会影响，使本校、本地英语教学水平提高，促进教育事业发展，实现教育效益的最大化。

只要"用心耕耘，把心放在教学上"，我们的教育一定会有美好的未来！

如何让核心素养在我们的课堂落地？

——读《核心素养导向的课堂教学》心得体会

核心素养进入课程，走进中小学，深入课堂。中国的基础教育已进入核心素养的新时代。作为一名一线教师，如何让核心素养在我们的课堂落地呢？这是我一直在思考的问题。

最近一段时间拜读了福建师范大学余文森教授的《核心素养导向的课堂教学》一书，收获颇丰，感触良多。

余文森教授的《核心素养导向的课堂教学》一书理论联系实践，对一线教师关心的"什么叫素养？什么叫核心素养？什么叫学科核心素养？"等一系列问题进行回应。本书共包括三篇：核心素养的意义（全书的方向和基石）、核心素养导向的教学观重建（全书的关键和先导）、核心素养导向的教学基本策略（重心和落脚点）。

读完全书，尤其引起我共鸣的是第二篇第五章"基于学生学习的教学"中的"先学后教"，第三篇第六、七、八章的"整体化策略""情景化策略"和"深度化策略"。

一、先学后教，少教多学

早在十几年前，我原来所任教的学校在全校范围内推行"先学后教，少教多学"教学观，现在看来，当时的变"先教后学"为"先学后教"就已经在履行这一教学观了。所谓"先学后教"，即学生的学习在前，教师的教在后。"先学"强调的是学生要摆脱对教师的依赖，独立开展阅读、思考或者作业活动，自行解决能够解决的问题。要求每个学生根据自己的进度和方式进行超前学习。教师在后教时，针对学生先学时提出的问题进行，真正实现有针对性的教学，最终达到"少即多"即"教师少教，学生多学"。先学后教的课堂为教师关注每个学生提供了时间和空间、机会和平台，从而保证每个学生在课堂上学有所得。

教师、教材、学生是课堂教学的三大基本要素。传统教学过分强调教师的主导作用，是教师带着教材走向学生。而先学后教的教学模式凸显学生的主体作用，是学生带着教材走向教师，使教学成为师生间真正的对话和互动。在这种教学模式中，教师把教材的学习权、解读权交给学生，把教学建立在学生对教材的学习和解读的基础上，使教师、教材、学生三者的关系发生根本性转变。

既然学生学习在先，那么，教师的教只能从这一前提和基础出发，即"以学定教"。"先学后教、以学定教"使学生独立学习的能力不断得到培养和强化。学生的学习能力越来越强，教师越教越少、越教越精，学生越学越多、越学越会，从而实现"少教多学"。

我在教学实践中，一直主张"少即多"即"少教多学"。不管是在高一、高二基础年级还是在高三毕业班，我都会根据学情编制学案，印发给学生先完成，尤其是在处理知识点和语法点课型时。在传统的教学中，教师可以拿着课本或资料，一页一页地放着幻灯片整节课从头讲到尾，学生忙着听、记笔记，结果教师讲得口干舌燥，学生听得昏昏沉沉，完全是在"灌输填鸭"，学生收效甚微。"先学后教"模式则是打破这种"填鸭式教学"，学生通过对学案的独立思考，然后与同桌或学习小组成员讨论，再在课堂上展示，教师只需要根据学生的展示情况，有针对性地进行指导、点拨和强调。对于那些学生已经会的内容，我不需要再讲，只需强调；对于展示有问题的，请其他学生解决，如果其他学生能解决的，我就不再讲了，由学生更正并解析；对于那些多个学生甚至全班学生都不能解决的问题，则由我通过引导、激励、鼓舞和点拨，将学生引向主动学习、深度学习、创新学习的境界，从而解决问题。

二、思维导图，知识整体化

余文森教授说："知识的整体化是针对知识的碎片化而言的。强调知识的结构化、整合化，防止知识的孤立化、片面化，是将知识转化为核心素养的基本要求。"

要将知识整体化，我们可以通过"知识树""概念图""思维导图"等形式呈现。我在平时的教学中最喜欢用的整体化工具是"思维导图"。"思维导图"是表达发散性思维的有效工具，它顺应了大脑的自然思维模式，以直观、形象的方式让我们的各种观点自然地在图上表现出来，使我们的思维可视化。它用图形体现人的思维，让看不到的思维可视化、形象化、清晰化，是一种帮助我们思考和有效解决问题的工具。

我在语法教学时，指导学生制作思维导图，每个语法项目制作一个思维导图。这样，不仅激发了学生的英语学习动机、想象力，而且有利于学生更好地理解、记忆主题内容，也有利于提高学生的学习组织能力，因为制作、使用思维导图的过程就是培养学习者组织能力的过程，有利于培养学生的发散性、创造性思维能力。如果是小组合作完成思维导图的制作，则可以促进生生间的相互交流协作，还可以培养学生的合作意识、团队精神，进而促使小组之间的合作、竞争，激发学生的学习热情，挖掘个体学习潜能，增大信息量，使学生在互补促进中共同提高。那些看似杂乱无序、枯燥的语法知识也通过思维导图得以梳理，学生可以更好、更清晰地掌握主题内容。

三、创设情境，知识生活化

知识在情境中生成和显现，任何知识都存在于一定的生活场景、问题情境和思想语境中。《高中英语新课程标准》呼唤科学世界向生活世界回归，所以，教师在创设教学情境时，要注重联系学生的现实生活，在学生鲜活的日常生活中发现、挖掘情境资源。只有在生活化的学习情境中，学生才能切实弄明白知识的价值。

我在平时的教学实践中很注重创设生活化的情境。在处理Language points和Grammar structures时，我都会结合学生的现实生活或者时间节点等创设情境，把抽象的词汇、句型、语法等知识融入学生的生活中，让学生有种身临其境的感觉。比如，在教学人民教育出版社出版的《高中英语》必修一Unit 1 "直接引语和间接引语"这一语法项目时，我没有使用课本提供的例句，而是先由我和学生进行表演后，引导学生分组、分句式（陈述句、一般疑问句、特殊疑问句、祈使句）进行情境表演。枯燥的语法知识在学生的"嬉闹"中生活化了，学生更明白易懂。在教it is /was… who / that…强调句型时，恰逢习近平主席到广东清远视察，我便要求学生make up了一个句子：Mr.Xi Jinping came to Yingde, Qingyuan Guangdong Province on October 23rd. 然后，我要求学生用强调句式改写成：

（1）It was Mr.Xi Jinping who came to Yingde, Qingyuan Guangdong Province on October 23rd.

（2）It was Yingde, Qingyuan Guangdong Province that Mr.Xi Jinping came to on October 23rd.

（3）It was on October 23rd that Mr.Xi Jinping came to Yingde, Qingyuan Guangdong Province.

这样，学生既了解了时事，又学习了句型知识。

在设计写作任务时，我也经常会结合单元话题或者日常生活节点，创设生活化的、学生熟悉的、有话可说的情境。

四、问题导向，知识深度化

余文森教授说："倡导深度教学，防止学科知识的浅层化和学生思维的表层化，是学科教学走向核心素养的一个突出表现。"

美国优秀教师格雷塔说："如果一定要我说教学有什么诀窍的话，那就是问题。"

曾经读到过关于"中国中学生的历史作业和日本中学生的历史作业的区别"的文章，同样是教第二次世界大战，中国中学生的作业是：

第二次世界大战发生的时间、交战国？……

而日本中学生的作业则是：

是否会发生第三次世界大战？为什么会发生或不会发生？最后的结果会是怎样？我们该做哪些准备？

很显然，中国中学生的作业基本是对课本知识的记忆性考查。日本中学生的作业则没有简单机械的背诵和对历史内容的复述，而是提出了必须深入思考才能解答的有质量、有深度的问题。

我们在日常教学中，不管是课堂提问还是课后作业的设计，都一定要注意设置有深度的问题，避免那种有问有答的、热热闹闹的课堂提问和机械抄写背诵的课后作业。

余文森教授的《核心素养导向的课堂教学》一书理论理念先进，有很多翔实生动的教学案例。读完后，我对核心素养的意义又有了更进一步了解，对从知识本位的教学转向素养本位的教学必须确立的新型教学观（基于立德树人、基于课程意识和学科本质、基于学生学习）有了更清晰的了解，对核心素养导向的教学基本策略有了更系统的、全新的认识。阅读余文森教授《核心素养导向的课堂教学》一书，不仅能引起我的共鸣，更能让我有所收获！

课题研究篇

高中英语2+2+2写作教学模式探究

  《高中英语2+2+2写作教学模式探究》课题是清远市教育科研第十五批正式立项的重点课题。从立项开始，我们认真做好开题工作，整个实验过程中边研究、边修改、边发展。通过两年多的探索与实践，真正做到了把教育科研成果用到教学第一线中，真正使教育科研在提高教学质量上发挥了作用，探究的高中英语写作教学模式已基本形成，并逐步形成了清远市第二中学的英语写作课堂教学特色。在市教育局教研室、学校领导的指导下，在全体课题组成员的共同努力下，课题实验进展顺利，成效显著。现将课题工作总结如下：

一、课题的提出

  现行的高中英语教材不仅体裁广泛，内容丰富，而且注重培养学生的阅读能力，强化写作技能训练。教材话题广泛，涉及友谊、旅游、天文、地理、科学、留学、体育、健康、生活及自然灾害等。各单元有一中心话题，涉及中心话题词汇、短语和句型。在单元话题教学时要有意识地分析这些文章的写作特点，教会学生运用相关词汇、短语和句型进行相关话题的写作训练。

  目前，有相当部分的高中学生（尤其是像本校的很多英语基础薄弱的学生）英语写作能力较弱。主要表现在词汇匮乏、用汉语思维方式表达（动手即写出"中式英语"的句子）、谋篇布局与衔接过渡能力弱、单词拼写及用词、语法错误多等方面。他们一看到或听到写作任务就产生恐惧甚至抵触的心理。不少学生一提起笔就搔头抓耳，觉得脑子里空空的，不知从何处下手。这就要求教师在英语写作教学中设计写作任务时，遵循循序渐进的原则和以生为本的原则，创设运用教材单元话题中的语言知识的条件和语境，创设接近学生生活的真实（authentic）情境，选择学生熟悉的话题，要求学生从单元或模块的话题中汲取完成任务所需的语言知识，引导学生学会谈论个人的经历、体验和感受，并掌握描述个人经历、体验和感受的词汇及相关的语言知识。

针对这种现状，我们通过开展《高中英语2+2+2写作教学模式探究》的研究，就如何依托教材本身提供的写作教学平台开展写作训练，如何利用教材引领写作教学，提高学生的写作能力进行探索研究。本课题组以教材单元话题为依托，采用 2+2+2 模式，即单词、词形和运用 + 短语、句型和运用 + 话题模仿写作和自由写作。充分利用课文中的每个话题及单元涉及的词汇句型，以及语法知识，结合学生的实际和身边的社会现象及热点话题，编成（或由学生自编）学生感兴趣的内容进行写作训练，提高学生的写作兴趣，从而逐步提高学生的写作能力。

二、课题研究的理论依据

本课题的理论依据，主要是《课程标准（2017年版）》对八级（高中阶段）英语写作的目标要求：能写出连贯且结构完整的短文，叙述事情或表达观点和态度；能根据课文写摘要；能在写作中做到文体规范、语句通顺；能根据文字或图表提供的信息写短文或报告。《课程标准（2017年版）》强调的课程从学生的学习兴趣、生活经验和认知水平出发，发展学生的综合语言运用能力的相关理论以及高中学生英语作文能力发展的基本规律。

本课题研究与实践的理论依据，还有建构主义理论、以读促写、过程式写作教学等。

（一）建构主义学习理论

建构主义学习理论认为，学习活动是学生通过一定的情景，借助教师与同学的帮助，通过协作和会话的方式，达到对知识的意义建构。在这个过程中，学生是认知活动的主体，教师是学生学习的帮助者、促进者、引导者。书本知识的掌握和实践活动都是学习，而通过实践活动建构的是无法靠他人传授获得的。"情境""协作""会话""意义建构"是建构主义学习环境的四大要素，教师要想充分提高课堂教学效率，必须有效把握教学的各个环节，充分利用信息技术，创设真实情境，使学生逐步构建起关于外部世界的知识，从而使自身认知结构得到发展。

（二）以读促写

读与写在课堂内紧密结合。这是一种能把学生的生理、心理发展，与课程进度协调一致的教学尝试。在课题实验中，可以是模块话题短文读后感训练（After reading the text, I learned that…），换角色写作训练（Change "I" into "He"），扩写训练（简单句扩复合句、添加细节信息等），续写课文（拓展创新）。也可以是在写作训练时，在Pre-writing或Lead-in环节设计相关话题的短文阅读，学生通过阅读（输入信息环节）获取相关话题的写作词汇、短语和句型及写作技巧，然后开始写作（输出环节）。通过科学、系统的读写结合训练，达到以读促写，以写促读的目的，从而提高学生的素养，特别是写作能力。

（三）过程式写作教学

过程式写作教学是有别于传统的结果式写作和范文教学方式，强调的是在学生的写作过程中帮助他们发现、分析和解决问题。《高中英语2+2+2写作教学模式探究》课题实验倡导的就是过程式写作，从"话题词汇+运用"到"短语句型+运用"到"语篇衔接过渡成篇"，这种教学法体现了"以生为本"的教育理念，使学生可以了解和反思自己的写作过程，学会写作，体会写作的乐趣，从而培养和提高学生的英语写作能力。

三、课题研究的目标

（一）理论目标

通过有效的研究与实践，课题组成员了解并掌握了高中英语写作教学的基本理论，并创新写作教学思路和方法，创新写作教学结构和模式，提高写作教学的质量，同时也提升了教师的生命质量，促进教师的专业化成长。通过研究，探索出高中英语写作教学的课堂教学模式。

（二）教学实践目标

（1）促进教师教育教学观念的转变和专业发展，不断提升教师的专业素养。实现传统和现代的写作教学模式优势互补，优化教学过程，增强教学效果，整体提升教师的教学水平。

（2）探索构建教师专业化发展的有效课堂教学模式。通过课题的研究与实践，探索出如何改革传统教学模式，深入探究并最终构建有效促进教师专业化发展的课堂教学模式，从而推动教师的专业化发展。

四、课题研究的主要内容

结合本校校情和学情，课题组重点进行了如下研究：

（1）依托教材单元话题及相关词汇，根据学生层次、个性特点和《课程标准（2017年版）》，进行词汇拓展及运用的研究。

（2）依托教材单元话题及相关词汇，根据学生层次、个性特点和《课程标准（2017年版）》，进行个性情景创设训练的研究。

（3）进行围绕话题展开"2+2+2作文教学模式"，激发学生的写作兴趣，提高学生写作水平的相关研究。

五、课题研究的方法

（1）文献法：各成员在课题研究中积极查阅相关资料，了解与本课题有关的理论，掌握本课题发展动态，积极汲取同行的研究成果，不断充实自己的研究内容。

（2）比较观察法：观察比较学生平时在课内外教学中，表现出来的对不同写作教学模式的反映和取得的教学效果，加以记录和分析，并得出结论。

（3）行动研究法：本课题以"2+2+2模式即单词、词形和运用+短语、句型和运用+话题模仿写作和自由写作"为载体，构建一种符合新的教育要求、学生学情及英语学科特点的高中英语作文课堂教学模式，从而激发学生的求知欲，培养学生的写作能力。

（4）案例研究法：对课题研究中的典型案例进行分析研究，找寻规律和问题根源，进而寻求最佳方法。

（5）经验总结法：及时总结课题研究过程中的经验，反思各项工作，把教育实践上升到教育理论的高度。

六、课题研究的主要过程

（一）课题组全体成员在实践探究过程中做了大量工作

（1）查阅资料，大胆借鉴：通过网络、杂志、报刊获取相关有用信息。

（2）问卷调查，了解实情：在学生和教师中进行问卷调查，了解学生和教师的需求。

（3）召开会议，及时反思：每阶段召开课题组会议，讨论、布置、检查、总结课题研究工作，及时进行反思。

（4）课堂呈现，相互学习：各课题组成员至少呈现一节，有说课，有反思，有赞有批。

（5）重视积累，展示成果：各课题组成员至少撰写一篇相关论文或教学心得。

（二）实施步骤

（1）预备阶段：2014年9月—2014年11月

查找、收集资料，查阅国内外类似课题研究资料，对学生进行问卷调查，进行课题论证，撰写方案，申报立项。

（2）实施阶段：2014年12月—2016年8月

① 2014年12月—2015年12月：研究充分利用教材单元话题词汇、句型拓展相关话题词汇句型并进行句型训练。

② 2016年1月—2016年8月：研究充分利用教材单元话题词汇、句型及语法项目，进行篇章结构的训练、仿写训练和自主作文训练。

（3）总结阶段：2016年9月—2016年12月

资料入档，成果展示，撰写课题研究结题报告，申请结题。

七、课题研究的成果

自2014年《高中英语2+2+2写作教学模式探究》课题立项至今，课题组在全体成员的共同努力下，通过课题实验与研究，使学生在2+2+2写作模式的学习过程中养成愿学、乐学、会学、善学的习惯，给我们实验班的英语写作教学带来丰硕的成果和收获，同时，也给我们课题研究组带来了诸多可喜的改变。

（一）探索出2+2+2写作教学模式

我们主要结合单元话题词汇、句型、语篇对高中英语写作课堂教学的有效设计、学生英语写作方法的有效指导、学生英语写作兴趣的有效激发等进行了较为深入的研究，形成了高中英语写作2（单元词汇和拓展话题词汇）+2（单元句型和相关话题创设句型）+2（单元词汇句型语篇和相关话题语篇训练）教学模式。

我们充分认识到高中英语2+2+2写作教学模式的重要性，一致认为该写作教学模式是对学生的一种过程性写作指导，单词、短语 → 句型 → 语篇，层层铺垫，步步推进，使学生有话可说，非常适合对高中学生，尤其是英语基础较薄弱的学生的写作指导。

我们运用这种模式营造了一种轻松的写作课堂教学氛围，大大改变了以前的"学生写、教师评"或"教师提示、学生写"的沉闷的课堂气氛。话题词汇拓展的brainstorm环节，学生争先恐后地展示精美的mindmap制作，整个课堂气氛非常活跃，句型运用环节学生可能呈现意想不到的漂亮句子。小组合作的语篇训练，整个课堂活而不乱。学生的参与度非常高，完全不似以前写作课是"少部分孩子的展示课，大部分孩子的苦闷课"。

在课题研究过程中，各成员的研讨课例中亮点纷呈：仝新华老师的展示课例中，Healthy Eating话题词汇拓展环节，一下子激活了整个课堂；胡翠娥老师的根据单元话题进行情境创设（改编）的训练令学生兴奋不已；吴碧华老师的小组合作学习，在语篇训练环节充分调动了全班所有的孩子学习的积极性；张伟娟老师的"小老师点评"，在自由写作训练环节让听课的老师赞叹不已。

（二）激发了学生的英语写作兴趣

轻松的学习氛围激发了学生的英语写作兴趣。因为学生在学习过程中都能有所"表现"，课内课外都得到了展示自己的机会，对英语写作的兴趣大大提高，学生不再是"谈写色变"，之前的普通班每次作文布置下去只能收到一半作业的现象不复存在。

学生的写作学习习惯得到了改善。2+2+2写作教学模式的运用激发了学生的积极性、主动性，增强了学生的自主参与意识。学生在参与学习的过程中，互相帮助、互相监督。更重要的是，帮助学生养成了良好的拓展习惯。

学生的学习成绩得到提高。实践证明把2+2+2写作课堂教学模式应用于高中英语写作教学实践中，能够为学生提供有效参与的实践环境，有利于激发学生学习英语的兴趣，学生愿学、乐学，成绩自然就提高了。每次模拟考试成绩显示，参与实验的学生英语作文平均分高出英语基础相对同等的非实验班学生英语作文平均分3～5分。

（三）编写了2+2+2写作教学校本教材

课题组成员教会了学生运用单元话题词汇及拓展的相关词汇，创设情景进行句型训练、连句成篇训练和篇章训练，编写了2+2+2写作教学校本教材（写作模式教学的课堂教学案）并结集成册，供全级师生使用。在2017年5月课题结题以后，仍然继续进行延伸研究，基于人教版高中英语教材，编写了《高中英语词·句·篇写作教学》、收集了学生优秀作文并结集成册。

（四）教师的专业素养和能力得到提升

在课题研究过程中，成员自身的专业水平得到了相应提升，理论研究水平和课程整合能力也有所提高。成员都能积极参与课例展示、评课、议课，课改意识和业务水平在互学互助中迅速提高。通过这次课题研究及积极实施，不仅提高了教师各方面的素质，而且使教师乐意将更多的时间花在教育教学理论的学习与研究，方法的探究与尝试上，提高了教师的理论水平、业务水平和科研能力，开阔了视野，转变了教学观念，促进了专业发展。

每个课题组成员能就课题研究的相关内容撰写论文、教学设计、教学心得等。现在课题研究组结集出版了一本《优秀教学设计和论文集》，在全校英语教研组内传阅和供参考使用。

课题研究组成员吴碧华老师荣获第九届全国中小学外语教师园丁奖，参加省第一届高中青年教师教学竞赛中获二等奖（写作课例），被学校推荐参加广东省骨干教师培训；胡翠娥老师（课题主持人）成长为广东省特级教师和清远市名教师；张伟娟老师被学校推荐参加广东省骨干教师培训；黄宝仪老师主动承担市级研讨课，受到听课老师的一致好评；李澜老师获得学校青年教师基本功比赛特等奖；其他成员饶盛红、仝新华、陈丽君、林剑芳等被评为学校优秀教师或优秀班主任。

（五）推动了学校教科研的发展

课题研究组成员胡翠娥、吴碧华、黄宝仪、李澜等老师参加省、市、校各级竞赛课、研讨课等都取得了不错的参赛成绩，获得听课同行的一致好评。课题研究组给学校尤其是英语教研组积累了大量关于英语写作教学的教学教研资料和学习资料，全校老师和学生的英语水平得到提升。英语科作为学校重点发展的科目，在全校教学、教研能力等方面都有一定的影响力。

总之，课题组经过近三年的实践探究，在全体成员的共同努力下取得了丰硕的成果。参与实验的学生写作兴趣大大提高，学会了运用2+2+2英语写作模式，自主进行词汇拓展学习；学会了在老师的引领和指导下结合身边熟悉的事例，运用单元话题词汇进行句型训练；还会结合单元话题进行语篇训练。课题实验组的老师在自身专业素养和能力水平方面都大大得到提升，迅速成长。课题组也给全校英语组积累了丰富的校本资料。课题研究成果（课例和校本教材）通过交流推广到周边的兄弟学校。

附表1：教师学生成果总表

序号	作者	成果名称	成果形式	出版或发表单位、时间转摘、引用和应用情况
教师层面成果				
1	所有成员	优秀教学设计和论文集	文集	校本课程资料
2	所有成员	优秀课例	光盘	校本课程资料
3	所有成员	课堂教学案集	文集	校本课程资料
4	所有成员	词汇句型拓展汇编	文集	校本课程资料
5	所有成员	成员成长	证书	
学生层面成果				
6	所有成员、参与实验的学生	学生手抄报	装订本	校本课程资料
7	所有成员、参与实验的学生	学生优秀作文集（1～6为话题，7～8为自由作文）	文集	校本课程资料

附表2：课题组成员在研究过程中的展示课例

姓名	时间	课题	班级	效果
胡翠娥	2014-9	Writing about language study	高二（2）	好
张伟娟	2014-10-16	Introducing a person	高三（2）	好
张伟娟	2015-4-3	How to write an invitation letter	高三（2）	好
仝新华	2015-3-30	Writing about healthy eating	高二（19）	好
吴春茂	2015-4-2	Writing about the topic of Unit 21	高三（4）	好
陈丽君	2015-4	How to describe a person	高一（14）	好
饶盛红	2015-5-14	How to write a survey	高三（12）	好
胡翠娥	2015-9-12	Introducing a place	高三（2）	好
吴碧华	2015-12-9	Writing about a picture	高二（18）	好
胡翠娥	2015-12-31	Writing about wildlife protection	高二（21）	好
林剑芳	2016-1-14	How to polish the writing	高二（7）	好
黄宝仪	2016-9-14	How to describe a person	高二（11）	好
李澜	2016-10-21	Introducing a place	高三（11）	好
林剑芳	2017-5	结题汇报课	高二（7）	好

八、课题研究存在的问题

课题组每学期初都制订了本学期的写作计划，大家也是严格按照写作计划和写作进度去完成的。但是，在学生方面，不同层次的学生写作效果有差别：英语基础程度好的学生能收到很好的效果，成绩突出；一些学生学习很努力，但由于基本功不够扎实，写出的文章语言干涩，不够流畅，很多句子是Chinese-English；还有一些学生懒惰不爱动笔，没有学习的信心。在教师方面，虽然教学模式引入了课堂，但是团队成员甚至包括我在结合工作实际、结合学生的实际，进行拆解模式方面不够灵活，运用模式略显生硬，没有最大限度地达成"每一节课都充满生命的活力和灵性""师生共同成长、教学双赢"的目标。同时，在实现课堂教学效益最大化方面，在把科教研成果推广出去方面，我们仍需继续努力，努力带动本校、本市的教学教研水平不断提高！

九、今后的设想

（1）加强"请进来，走出去"的广度和高度，加大对教师培训的力度。

（2）对我校的有效课堂教学模式，在实践中完善、在总结中提升、在校内甚至校外推广，让课题研究促进教学、促进学校教学质量的全面提高。

（3）坚持不懈地探究。英语写作能力的形成不是一日之功，俗话说"冰冻三尺，非一日之寒"。因此，我们仍须继续探究，不断探索，从而走出英语写作教与学的困境。

总之，英语写作是学生多方面接受语言知识综合运用能力的反映，是一个长期的循序渐进的过程。教师在培养学生写作的教学活动过程中，应尽可能采用多种方式和手段，对学生进行多方位、多层次的写作训练，以达到提高他们的英语写作水平和能力的目的。

教育工作篇

班主任工作情感教育的艺术

班主任是一个班级的组织者、领导者和教育者。班主任的思想、言行、工作方法以至生活习惯都会直接而深刻地影响学生身心的健康发展。班主任工作是一项培养什么样的人的重要工作，也是一项需要情感教育艺术的工作。笔者根据多年班主任工作实践谈谈几点体会。

一、对工作满腔热心

热心是做好一切工作的前提。一个班主任只有热爱教育事业、热心于教育工作，才能把自己的全部精力、全部智慧、全部感情毫不保留地奉献给教育事业，从而才能做好本职工作。

班主任由于工作的特殊，与学生接触最多，留给学生的印象最深，有时甚至成为学生模仿的对象。因此，班主任必须注重对学生的言传身教，努力塑造自己的形象，处处做好学生的榜样：要求学生做的，自己先带头做好；要求学生不做的，自己一定不做。

偶尔会遇到这样的"三打"同行：上课打哈欠，下课打瞌睡，下班打麻将。试想，这样的"榜样"又能给学生起到什么作用呢？

在班主任的工作实践中，笔者能投入满腔热情，把握学生动态，勤学现代教育理论，做好学生的表率和榜样。笔者坚信孔子所说："其身正，不令而行；其身不正，虽令不从。"

二、对学生充满爱心

热爱学生，是教师职业道德的核心。没有爱就没有教育。热爱学生体现在从各方面关心爱护学生，尊重学生，理解学生。

在工作实践中，笔者一直扮演着良师、慈母、益友的角色，对学生充满爱心。首先，从学习上帮助学生解难答疑，指导学生获得好的学习方法，不厌其烦；其次，从生活上关心学生，提醒学生注意冷暖疾病，尽心尽力。学生生病时，为他们熬汤煎药，学生交不起学费和资料费时，能解囊相助。笔者所带的每一个班都有一两个受到笔者资助的学生，他们学习都非常勤奋，其中有一名学生为广东省高考单科状元，有多名学生考上重点大学。另外，从思想上爱护学生，与学生交流谈心，做学生的知心姐姐和知心朋友。笔者能与学生建立良好的师生关系，学生也乐于接受笔者的教育，从而更加勤奋地学习。

三、对待后进生耐心转化

学生的思想状况、学习成绩、身体发育和兴趣爱好都不同，有先进、后进、中间状态之分。班主任应该根据每个学生的特点和实际情况，因材施教，深入细致地做好个别教育工作，特别是后进生的转化工作。著名教育家苏霍姆林斯基说："人人都有一种细微而娇嫩，坚强而勇敢，摸不着而又不屈不挠的东西，即个性尊严。"在进行后进生的转化过程中，笔者注意首先一定不伤及他们的尊严，遇事先了解情况、分析原因，再"对症下药"。一般来说，后进生都认为老师喜欢优生而不喜欢自己。有的学生因此产生抵触心理，不愿意接受老师或班干部的批评意见，甚至故意捣乱。笔者在处理班级事务时，注意不偏爱优生，不歧视后进生，对后进生采取"三多三少"的原则，即多鼓励，少打击；多表扬，少批评；多谈心，少说教。著名心理学家和教育家戴尔·卡耐基在谈人们的需要时指出，人们大都"渴望被肯定"。笔者坚信"没有教不好的学生"和"学生身上并不缺乏美"。笔者平时注意细心观察他们，善于发现他们的闪光点并及时鼓励和表扬。能协调各种教育力量对他们进行帮助和教育，不让他们产生受冷落感。比如，和任课教师联系，齐抓共管；开展"手拉手"活动，让优生帮助督促；与家长经常密切联系，及时了解、交流学生的情况；注意制造各种机会让他们表现自己，如主持班会课、参加校运会或文艺会演等。人心都是肉长的，任何人都有心软的时候。这些昔日的"捣蛋鬼"见老师没有嫌弃他们，而是耐心地帮助他们，也就不忍心老是制造麻烦，而是把心收拢来想怎样提高成绩，怎样为班级争光。全班学生心往一块儿想，劲往一处使，就形成了良好的班风和学风。经笔者成功转化的后进生案例很多，笔者所带班级，后进生成功转化率均为100%。有的调皮学生的家长指定要把自己的孩子安排在笔者所带班级学习。

四、班级管理细心优化

笔者开展班主任工作以人为本，班级管理工作坚持八个字："及早养成，经常督检。"斯宾塞在《教育论》中指出："记住你的教育目的应该是培养成一个能够自治的人而不是一个要别人来管的人。"在新生入学的第一天或新学期开学的第一天，笔者就向全班学生宣布学校的各项规章制度，及早强化学生遵规守纪意识和养成良好生活习惯的意识，实行自治，责任到人。还经常强调督促和进行不定时检查，持之以恒地严格执行各项规章制度，并做到"严在理中，严中有爱。"

做好班级管理工作光靠班主任一人是行不通的。笔者充分调动发挥班干部这个小集体的能动性，大胆放手让班干部进行班级管理。为了加强学生的参与意识、管理意识、集体主义思想和主人翁精神，在任命班干部时采用轮值制，让每个学生都有机会锻炼自己的胆量和能力，充分展示自己的才能，发挥自己的主观能动性。为了培养学生明辨是非的能力、养成开展批评和自我批评的习惯，笔者要求班干部组织学生对班上的情况进行阶段性总结，表扬好人好事，批评损害集体、破坏纪律的不良行为，发挥学生自我教育的作用。同时，笔者能及时、准确地掌握班上的情况，对班级进行有效管理。学生经常能感受到老师的关心和督促，渐渐地养成良好的学习和生活习惯。

班主任工作烦琐而累人，但是如果能够打造出先进班级，能够成为领导心中的好教师，同事眼里的好搭档，学生心中的好班主任，能够得到学生的认可和敬仰，那么，再累也是值得的，也会由衷地感到欣慰。

我的教育小故事

时隔十年,重拾班主任工作,虽然之前做过十多年班主任,也取得过不错的成绩,曾被评为县级优秀班主任和市级名班主任,但是接到工作任命的那一刻,我仍然感到诚惶诚恐。毕竟现在的孩子都是00后了,他们的生活条件、生活环境和所处的时代相比十几年前,已经发生了翻天覆地的变化。我还能胜任这份工作吗?我还能做到不辜负孩子父母甚至是祖父母的殷切期盼吗?"奔五"的我能让十四五岁的孩子们相信我,"服从"我吗?一连串的问号涌上我的心头!

"既然接受了这份工作,那就欣然接受并积极地投入吧!"我对自己说。些许陌生、忙碌和琐碎的班主任工作开始了!

一、生活上给予无微不至的关爱

有人说过:疼爱自己的孩子是人,疼爱别人的孩子是神!我想,我们作为教育工作者,就是要做疼爱别人的孩子的神。

曾读过这样一个故事,智慧、成功和爱三位天使来到人间。一位母亲请她们到家中做客。天使们对那位母亲说:"我们只能去一个,你回家和家人商量一下,再选择邀请谁。"这位母亲最后决定请"爱"回家。奇怪的是,另外两位天使也跟着进了屋。母亲惊讶地问:"你们两位怎么也进来了?"天使们回答说:"哪里有'爱',哪里便有'智慧'和'成功'。""有爱就有一切"!我深知,在故事中如此,在生活中如此,在教育中更是如此!

我的学生都是十四五岁的年纪,有不少是第一次离开父母去远方独自生活,他们最重要的就是要适应新的一切,包括新的学习环境和生活环境、新的同学朋友、新的任课老师等。为了让他们尽快适应,我使出了我当"mother"

的百般本性。看到他们在军训时，站在烈日下满头大汗，我便在晚修时给他们煲好绿豆糖水。有一个孩子在到学校的第三天是他的生日，晚寝查宿舍时得知消息后，我便在第二天为她准备了一份小礼物，并且组织全班孩子一起为她补唱生日歌；看到有个孩子眼睛有点肿，我了解到她是因为想家而晚上哭鼻子，便陪她聊天并且安排其他女生主动与她聊天；担心有的孩子突然间不舒服，去校医室或去药店不方便，我便在教室设了一个"爱心箱"，在里面放满诸如风油精、活络油、驱风油、云南白药、小柴胡、板蓝根、保济丸等常备用药；我甚至还在办公室备着女生用的卫生用品。

古人云："其身正，不令而行；其身不正，虽令不从。"班主任是学生的楷模，言谈举止对学生具有很大的感染力。我的这些无声的关爱，使得孩子们很快喜欢上了我！有不少家长发来微信感谢我。有一个学生的妈妈说："小孩一回来就叽叽喳喳地说了一大堆学校大大小小的事，开心得手舞足蹈。她还说很喜欢我们胡老师，胡老师英语可厉害了。我问她怎么知道的，她说听说的。老师，真的谢谢您！"另有一个男孩的妈妈发微信说："军训完回来，拿了一张军训优秀学员奖状回家，挺开心的。回到家，就向我们说他在学校的事情，还说您给他们煲了绿豆汤。从他的谈话中，我了解到他很喜欢这个班，很喜欢您！孩子这么快就适应了新集体，非常感谢您！"

看来我的"爱"天使给我带来了"成功"的第一步！

二、学习上不厌其烦地给予指导

我知道，初中与高中是两个完全不同的学段。要想在高中阶段取得好的成绩，如果仍旧沿用初中的学习习惯和学习方法，一定不会成功。

在学前教育阶段，首先我重点强调学习习惯的重要性，告诉学生，高中学习是一个系统的过程，相比初中，高中课程的难度更大，内容更深，理解性的知识点更多。所以，课前预习、课堂认真听课做笔记、课后复习巩固、完成一定的强化训练、错题收集、总结归纳等环节一个都不能少。同时，在如何预习、如何做笔记、如何复习、如何收集错题等方面给予他们详尽的指导。

正式开学开课以后，我在自己学科方面给予他们科学的学法指导，同时也建议他们尽快与各科任课老师直接交流，从任课老师那直接得到适合自己的学法指导。

我还给他们讲述一个《羚羊和豹子》的故事：一只非洲豹扑向一群正在自在玩耍的羚羊，羚羊惊恐地四散奔逃，非洲豹死死地盯住一只小羚羊不放，尽管不时有一只又一只离自己很近的羚羊从身边掠过。终于，那只小羚羊被穷追不舍的非洲豹扑倒……这时，我问学生，为什么非洲豹不放弃最早追逐的小羚羊转而去追离自己很近的其他羚羊呢？学生的答案五花八门。最后，我告诉他们，我们的目标就像一只羚羊，一旦树立了目标，只有穷追不舍，不受身边任何事物的诱惑和干扰，我们才能最终实现自己的目标。通过这个故事，我告诉他们：树立目标和坚持目标真的很重要！

三、心理上给予甘如饴露的疏导

十四五岁的孩子来到一个全新的环境，或多或少难免会产生一些心理问题，表现出心理、情绪、行为和人际关系等方面的不适现象。无论出现哪种心理问题，对他们的学习和成长的消极影响都是巨大的。这时，作为一名班主任，如何根据每个孩子的需要，遵循教育规律，采取有效手段对他们进行内化和外化的思想和心理调适非常重要。重视他们的心理健康，及时发现问题，及时调节、及时疏导甚为必要。

"陪伴是最好的教育"适用于家庭教育，同时也适用于学校教育。我在开学的前几周，都尽可能多花时间陪伴他们，让他们感受到我的关爱；做好他们心理失衡的超前指导和及时发现可能存在的问题。有些孩子初中时可能是班上的佼佼者，是老师或班主任眼中的"金宝贝"。进入高中后，没有熟悉的、喜欢的老师对他们另眼相待了，甚至经过一段时间的高中学习后，发现自己的成绩在班上也不突出了，有的还觉得学习很吃力，于是他们产生了巨大的心理落差，压力也随之而来。这时，我耐心地和他们交谈，帮助他们正确地认识和评价自己，面对现实，发挥自身优势，迎难而上。渐渐地，这些孩子脸上焦虑的神色被自信的笑容取而代之。

四、营造温馨的班级文化氛围

古人云："蓬生麻中，不扶而直；白沙在涅，与之俱黑"。良好的班级文化建设对班级建设和学生的个性发展都有重要的影响。班级文化建设，就是通过班风建设、教室设计、开展各种文化活动，以及教师的言传身教使学生在潜移默化中受到熏陶与感染，并形成积极的道德情感，从而将道德认识内化、升华为道德信念和道德理想。因此，班主任要充分认识到班级文化建设在班级建设中的重要作用，带领孩子们努力营造一个具有班级特色、书香氛围浓厚、环境优美整洁、适合孩子们全面健康成长、长远发展的温馨氛围。

教室是教学的主阵地。苏霍姆林斯基曾经说："无论是种植花草树木，还是悬挂图片标语，或是利用墙报，我们都将从审美的高度深入规划，以便挖掘其潜移默化的育人功能，并最终连学校的墙壁也在说话"。所以，班级文化建设，我首先从教室的环境布置开始，教室的环境布置又从教室后面的墙壁开始，做到让墙壁会"说话"。

学生入学报到的时候，我即布置学生准备一张个人照片（颜色、证件照或生活照不限），学前教育阶段布置宣传组（学生自愿成立）画一棵family tree（家庭树），寓意着整个班集体即是一个大家庭，我带头把自己的照片贴在family tree（家庭树）的正中间，所有孩子们的照片围绕在我的周围。后来，我还发现有学生竟然在我的照片下用英语写下了"胡妈妈（Mother Hu）"。每次走进教室，看到这一画面，仿佛身临"儿孙绕膝"之境！

考虑到学生的心理特点（有较强的表现欲），我还在教室后面的墙壁上设了一个"精彩展示"区。他们的优秀作文、获奖证书等都在这里展出，同时展出的也是他们的才华、他们的集体荣誉感、他们的对班级的情感和集体的凝聚力和向心力！

除了墙壁，教室的角落我也充分利用起来。为了培养他们语文和英语的阅读习惯，我在教室后面靠里的角落设置了一个名为"书香满园"的图书角，我带头分享了一批自购的中文和中英对照的图书，然后动员每个学生分享自己家里的图书到教室的图书角。同学们积极响应，图书角的图书越来越丰富。课余时间也经常可以看到同学们在阅读图书。

除了墙壁和角落，学生的课桌也可以是我们的班级文化建设阵地。为了让同学们在短时间内相互认识、相互了解，也为了让老师们能快速把学生的名字和人对上号，一开学，我就给同学们每人发一张粉色的A4大小的纸，教他们做一个名牌放在自己的课桌上。为了体现他们的个性，我建议除了姓名是必须有的内容外，还可以根据自己的意愿写上在班上的任职职务、自己的兴趣爱好、自己的英文名字等，甚至还可以画一些有个性的画。教室里课桌摆得整整齐齐，每个课桌上都摆放着粉色的名牌，倒也成了一道亮丽的风景线！

教室虽小，可它处处有宝，关键还要看我们如何利用。如果我们能使班级中的各种物化的东西都体现班级的个性，都给学生一种高尚的文化享受和催人奋发向上的感觉，那么，班级文化也就如一位沉默而有风范的老师一样，起到无声胜有声的教育作用。

五、管理上推行全员共管制度

苏霍姆林斯基说过："集体是教育的工具。"我推行全员管理制度就是为了充分发挥同学们的主体意识，培养他们在集体中的自我管理意识和为他人服务意识。

在入学报到的时候，我就设计好了一份全员管理的表格，包括班团干部、课代表、语文抄写员、英语抄写员、门窗保洁员、讲台保洁员等，由他们自愿选择愿意为班级服务的项目，每个孩子至少选择一项，确保人人有事干，事事有人干。这样，每个孩子一开始就都进入管理和被管理者的双重角色，人人都参与管理，成为班集体的主人，极大地激发了他们的进取精神和工作热情，同时形成一股巨大的教育力量，增强了学生的责任感、义务感和集体观念，从而在自我管理和自我教育中求得发展。

总之，班主任在教书育人的过程中，承担着各种不同的角色。我在开学第一课与学生说：I am more than glad to be your mother, your sister, your friend as well as your teacher.（我除了是你们的老师外，更愿意做你们的妈妈、姐姐和朋友。）的确，在与学生探讨知识时，我是老师；在关心学生疾苦时，我是母亲或姐姐；在与学生交往时，我是朋友。

很多班主任感慨："班主任工作真是一份'良心活'。"十多年后再做这份"良心活"，我仍然有一种发自内心的责任感和使命感，教真书，育真人，为人师表，爱岗敬业，力争成为一名具有新时代班主任核心素养的有情怀的优秀班主任！

我的教学风格和成长足迹

26年的教育教学生涯，一路走来，平淡，偶遇惊喜；辛苦，偶有收获；忙碌，偶得清闲。我的教育教学热忱没有随着时间的流逝而消磨殆尽。面对新的挑战，我唯有坚守内心的安然与恬淡，坚持不懈地磨炼自己，从容蓄积，让自己在教育的这一方净土成长成长再成长。

一、我的教学风格形成的过程

什么是教学风格？南京师范大学李如密教授认为，教学风格的核心是教学艺术个性化；教学风格是内外统一、形神兼备的整体；教学风格具有独特性、多样性、稳定性和发展性，教学风格的形成是一个教师在教学艺术上趋于成熟的标志。也有人把教学风格分为理智型（用思维的逻辑力量吸引学生的注意力，用理智控制课堂教学过程）、自然型（娓娓道来，细细诱导，犹如春雨渗入学生心田，润物细无声）、情感型（情绪高涨，慷慨激昂，使学生产生强烈的情感共鸣）、幽默型（讲课生动形象，机智诙谐，妙语连珠）和技巧型（各种教学方法技巧信手拈来，运用自如，恰到好处）五大类型。

而我的教学风格是什么呢？我觉得，随着成长的脚步，我的教学风格也在发生阶段性的改变。

刚走出大学校门，踏上讲台，毫无教学经验的我凭着在大学学到的理论知识，"一板一眼"地工作，在课堂上不苟言笑，那时，学生眼中的我"很严肃"，我被叫作"英语老师"。

经过几年的磨炼，在同事的指导和帮助下，我的课堂越来越"活"了，有灵动性了。除了能精准把握教学重点难点，对课堂环节和节奏也控制得当，我还会用发生在学生身边的、生动有趣的鲜活事例赋予课堂以温度，让学生在课堂互动中进行知识的传递，同时也进行情感、态度、价值观的交流。这时，学生眼中的我"很温和"，我被叫作"Miss或Miss Hu"。

经过多年的教育教学理论与实践的"浸染"，我的课堂又发生了一些改变。我坚持读书、参加各种培训活动，用先进的理念来改善我的课堂；我开始以课堂为主阵地进行课题研究等教学行动研究活动，在研讨中改进我的课堂；更重要的是，平时一有时间，我就会融入学生当中，与学生同吃同玩同锻炼，关爱每一个学生的学习和生活。我对教育的坚守与执着，对学生的关切和引导浸润到我的课堂。渐渐地，我与学生在课内课外有越来越多思想的碰撞和情感的交流。这时，学生眼中的我"很温柔"，我被叫作"Mother Hu"。

根据我对自己平时教学的反思和同事、学生的反馈，我认为我的教学风格是"理智型+自然型+技巧型"。对照自然型风格特点（教师讲课亲切自然，朴素无华，没有矫揉造作，也不刻意渲染，而是娓娓道来，细细诱导，师生在一种平等、协作、和谐的气氛下，默默地进行双向交流，将对知识的渴求和探索融于简朴、真实的情景之中，学生在静静地思考、默然地首肯中获得知识。教师虽然讲课声音不高，但神情自若，情真意切，犹如春雨渗入学生心田，润物细无声，给人一种心旷神怡、恬静安宁的感受），我觉得我的教学风格是属于自然型：课堂上亲切自然，耐心细致，善于结合真实情境设计教学活动，让学生在潜移默化中学于生活，用于生活，真正做到润物细无声！

二、"我"在孩子们眼中

（一）

…… Mother Hu,谢谢您！是您用您的温暖和亲切暖化了我躁动不安的心。我记得，当我第一次去问您问题时，您在不远处向我颔首微笑；当我走到您身旁，您一直微笑着用手轻轻地搭着我的肩。我心想，老师真的好温柔，好nice。从此，您便永远在我的心里了。

Mother Hu，您对每一个同学都一视同仁，无论他们成绩好坏。有时，我们占用了您的休息时间，您却说："只要你们愿意学，我累点没关系。"

Mother Hu，您时刻把我们装在您的心里。您每次外出回来，都会与我们分享美景美食，会给我们讲一些我们从未到过的"世外桃源"。您带回来的糖很甜，但是我们的心更甜：您连到外地游玩都不忘记您的学生——我们。

Mother Hu，是您让我们度过了一个温暖的高三。谢谢您！

您的孩子　静

2015年9月10日

（二）

（1）亲爱的Mother Hu，

　　缺少您的课，就等于减少了我们的快乐！我们都很喜欢您上课的样子，喜欢您的课堂教学方式，好怀念您的微笑！同学们个个都很希望您能尽快回来给我们上课。可我认为，您要完完全全把病治好才能回来哦！记住，是完完全全地好起来（虽然我也很希望您能尽快回来）！

　　愿您早日康复，期待您的课哦！

（2）亲爱的Tessie，

　　您要快点回来啊！没有您，我的英语课少了很多乐趣。没有您的英语课，我总觉得缺少什么。当然，我会努力学习，等到您回来，我不会让您失望的。

　　祝您早日康复！期待见到您亲切的笑容！

（3）Dear Mother Hu，

　　说实话，我本来已经想放弃英语的。可是自从遇到您，英语这门科目在我的心里又燃起了希望之光。是您的教学方式让我有了学习英语的兴趣，谢谢您！虽然现在我的英语还不够好，可是我会努力的。在您的帮助下，我的英语成绩已经得到了极大的提高。谢谢您！您要早点康复，您不快点回来，我要生气咯！

爱您的龙杰

……

（有一次我生病住院，孩子们写给我的留言）

（三）

Dear Mother Hu，

校园里

有几棵桂花树

弥漫着淡淡的馨香

如此纯洁、无私

如您

……

我要真挚地跟您说一声谢谢！您就像我们的父母，把精力全部用在我们的身上。

我要谢谢您的和蔼可亲。在每个您当值的晚修，总能看到同学们围在您的身旁，是您在耐心地给我们解难答疑。

我要谢谢您的包容。每当我们犯错时，您总是和颜悦色地教育我们，与我们交流，很亲切。

我要谢谢您的关怀。每当我考试成绩不理想时，您总是给我送来问候和安慰，犹如冬日里的太阳温暖着我的心。

请让我把这首诗送给您：

如果一颗星代表一份思念

那么，我要送您一条银河

如果一滴水代表一份祝福

那么，我要送您整个大海

如果一棵树代表一份快乐

那么，我要送您整片森林

（2016 届一个学生的毕业留言）

（四）

Dear Miss Hu,

感谢您这一年的陪伴！您对每一个学生都是那么温柔体贴，对每个问题都解答详细、明白易懂，让我们感受到了别样的温馨！

谢谢您，Miss Hu！

（2017 届一个多次被我批评的学生的毕业留言）

（五）

Dear Miss Hu,

遇见您之后，我发现是您激发了我对英语的前所未有的兴趣。感谢您一直以来的教导和鼓励，您的每一次肯定的眼光、耐心的指导，都是我学习英语的动力！您待我们不仅仅是学生，更像是您的孩子。

在我感冒时，您给我煮好姜茶送到课室；在我胃疼时，您多次关心询问，体贴地叮嘱我注意饮食。我从来没有遇到过像您一样不仅在学习上给予我极大鼓励和帮助，而且在生活上对我如此体贴、关心至极的老师！

感谢遇见您！

您的宝宝　蔓滢

（六）

Dear,

您是一个热情、温暖的好老师，好妈妈！每当我遇到不懂的问题问您的时候，您的真心和耐心让我感动；当您在生病还坚持给我们上课的时候，我们为有您这样一个负责任的好老师而感到骄傲！您的教学方式生动、有趣、多样，每次都能给我们带来新鲜的体验。

您给我们的印象是温和、温柔、温婉、温暖、温馨……想不到更多的词语，总之，就是"温"！

（2018届学生的毕业留言）

三、我的成长足迹

26年的成长历程，如果要划分几个阶段的话，我觉得可以分成三个阶段。

（一）1992—1997年

这是我大学毕业后参加工作的头五年。年轻、有干劲、有激情、无经验是我这个阶段的标签。一开始，担任只比我小几岁的学生的班主任，我经常被调皮捣蛋的学生弄得焦头烂额，有时甚至气得哭鼻子，教学成绩两极分化严重。但是，在我的努力下，在同事们及同事兼恩师（大学毕业回到曾经读书的母校工作）的耐心帮助和指点下，这帮淘气包慢慢地被我"收拾"。我创新性地想出用"家校联系本"（当时是20世纪90年代初，我工作的学校是一所农村学校，整个学校只有校长室有一部电话。学生家里都没有电话，更不用说现在的微信和QQ交流平台），每周一次与家长书面联系交流，做到家校合作共育。我管理的班级由初一刚开始的"头疼班"慢慢地变成了"优秀班集体"。我也因为教育教学成绩突出而被评为县级"优秀班主任"和获得学校所在片区"初三毕业班教学成绩突出奖"。

（二）1998—2013年

由于家庭原因，我由原来的母校跨省调到了另一个工作单位。结婚生子又人生地不熟，教学上由于工作需要还要跨级（初一和高一），这些对我来说都是一个个不小的挑战。但是经过了最初五年的磨炼，生性好强的我一次又一次地勇敢直面在教育教学教研等方面的挑战。

1999年以来，除了任教两个班的教学工作以外，我一直担任班主任、级长、备课组长或教研组长（有时兼任）。虽然工作强度很大，有时因为疲惫而偶有抱怨，但是更多的是全身心投入工作，忘我地钻研。正因为我的投入和忘我精神，每年都会收获学校年终的多项奖励。

更幸运的是，我能多次参加市级以上的教育教学比赛和培训活动：1999年，我主动申请与同事竞争参加清远市教师基本功比赛的机会而最终获得市二等奖；2002年，主动申请在市级研讨活动中上展示汇报课；2006年，参加了清远市名班主任培养对象培训班；2008年，指导学校青年教师参加省讲师团的汇报课活动；2008—2011年，参加省基础教育系统"百千万人才工程"名教师培养对象培训班。通过聆听走在新课程前沿的专家和一线教师的讲座和授课，感受他们先进的教育教学理念和教学思想而提高认识，转变观念。我开始以课堂为主阵地，进行校本和省级的课题研究。我的教育教学世界更加丰富多彩，教学修养也得到提升。

因此，我也获得不少市级以上的奖励：2004年，荣获"清远市优秀外语教师"称号；2006年，荣获"清远市高三英语竞赛优秀指导教师"；2007年，荣获"南粤优秀教师"称号；2008年，荣获"全国中学生英语能力竞赛优秀指导老师"称号；2009年，荣获"全国优秀教师"称号；2013年，荣获"清远市首批中小学名教师"称号，并成立首批名师工作室。面对这些因为付出而得到的回报（奖励），有喜悦，更多的是感受到继续前行的压力和动力。

如果说，之前我大部分时间和精力都是花费在教育教学工作上，那么，成立市名师工作室以后，我教育教学生涯的"航线"就发生了改变，开始驶向教研的"航道"。

（三）2013年至今

这段时间，我变成了一个纯粹的"教师"，没有担任其他职务，这让我有更多的时间投入到教科研的工作中。每个学期我都会认真反思我的教学案例，然后撰写相关论文；申报市级课题立项、结题；申报省级课题立项、结题；同时，也会根据学校的实际情况进行校本课题的研究并编写校本教材；还积极地在校内外进行课题研究成果推广并编写成果集。

课题研究的过程，其实就是一个在教育教学过程中发现问题—研究问题—解决问题的过程。我和课题组成员在不断学习、研究、反思、总结的过程中，专业化水平和能力都大大得到提升；我们面向教学实际，发现问题就研究问题，直至解决问题，课堂教学质量也大大得到提升。我们这个研究的平台和学习共同体，其实就是教师们专业化发展的重要途径。我们在教育教学过程中不断进行业务知识的学习，注重加强理论修养，培养正确的教学观念（真正的教学是教人而不是教书）、课程意识、学生意识（陈宝生：建立以学习者为中心的人才培养模式），正确把握核心素养导向的教学基本策略。

一分耕耘，一分收获！2015年，我荣幸地被评为广东省"特级教师"；2017年，我成为省名师工作室主持人。

各人有各人的成长足迹。我一直在成长的道路上带着感恩的心执着地前行！在这条道路上有哭有笑，有喜有悲，有得有失，但不管怎样，只要能紧握自己的梦想，不言放弃，不骄不躁，恬淡宁静，求真务实，我认为，我们一定能到达理想的彼岸！